- Десять Заповедей -

ЗАКОН БОЖИЙ

Доктор Джей Рок Ли

URIM BOOKS

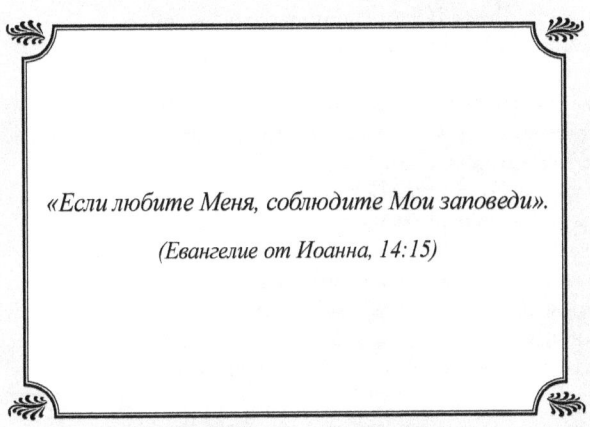

«Если любите Меня, соблюдите Мои заповеди».

(Евангелие от Иоанна, 14:15)

ЗАКОН БОЖИЙ Д-р Джей Рок Ли

Издано «Урим Букс» (Представитель: Kyungtae Noh)
235-3, Guro-dong3, Guro-gu, Seoul, Korea

Ранее, в 2007 году, издана на корейском языке издательством «Урим Букс», Сеул, Корея.
ISBN: 978-89-7557-098-8, ISBN: 978-89-7557-067-4

Впервые издана в июне 2010 г.

Отредактирована д-ром Джеум Сан Вином.
Дизайн разработан редакционным бюро «Урим Букс».
Тираж отпечатан в типографии компании «Евон».
За более подробной информацией обращаться: urimbook@hotmail.com

Предисловие

За время моего служения меня много раз спрашивали: «Где Бог?», «Можете ли вы показать мне Бога?», «Как я могу встретиться с Богом?». Люди задают такие вопросы, потому что не знают, как найти Бога. Но встретиться с Богом гораздо проще, чем мы думаем. Это произойдет, если мы будем изучать Его заповеди и стараться исполнять их. Многие люди знают о необходимости этого, но, не понимая духовного значения Божьих заповедей и глубокой любви к нам нашего Бога Отца, заключенной в каждой из них, не исполняют их.

Чтобы жить в этом мире, человек должен многому научиться, получить соответствующее образование; аналогично этому, чаду Божьему нужно готовиться к тому, чтобы предстать пред Небесами, откуда пришел Закон

Божий. Закон Божий, или Десять Заповедей, должнен быть известен каждому, все дети Божьи должны применять его в своей христианской жизни. Закон Божий - это заповеди, которые Бог дал нам, чтобы приблизить нас к Себе, чтобы мы могли получать ответы на свои молитвы и пребывать в общении с Ним. Другими словами, изучение Закона Божьего - это возможность встретиться с Богом.

Приблизительно в 1446 году до нашей эры, сразу после того как Израильтяне вышли из Египта, Бог хотел привести их в землю Ханаанскую, которую называют еще землей, где текут молоко и мед. Но для того чтобы это произошло, Израильтянам нужно было понять волю Бога и понять, что же это в действительности означает - быть чадом Божьим. Поэтому Господь с любовью написал на двух каменных скрижалях Десять Заповедей, которые в лаконичной форме обобщили Его Закон (Исход, 24:12). Затем Он передал эти скрижали Моисею, чтобы тот научил свой народ, как, соблюдая обязанности детей Божьих, они могут жить в Его присутствии и там, где Бог хотел бы их видеть.

Около тридцати лет назад, когда я встретился с Живым Богом, посещая церковь и стремясь к пробуждению, я начал изучать и повиноваться Его законам. А начал с того, что бросил курить и пить. Я осознал необходимость хранить День Господень, платить десятины, я узнал о важности молитвы и многое другое. В своем маленьком блокноте я начал записывать грехи, от которых я не мог избавиться сразу. Затем я молился и постился, прося Бога помочь мне повиноваться Его заповедям.

Благословения, которые я получил в результате этого, были удивительными!

Вначале Бог благословил мою семью физическим здоровьем, и никто из нас ничем не болел. Затем Бог дал нам финансовое благословение, и мы стали помогать нуждающимся. И еще: Он излил на меня так много духовных благословений, что у меня появилась возможность вести глобальное служение, нацеленное на евангелизацию и миссионерскую работу во всем мире.

Изучая и повинуясь заповедям Божьим, вы не только будете преуспевать во всех областях вашей жизни, но также обретете славу, сияющую, как солнце, войдя в Его Вечное Царство.

Книга «Закон Божий» составлена из серии проповедей, основанных на Писании, а также вдохновениях, которые пришли ко мне, в связи с Десятью Заповедями, во время поста и молитвы еще вначале моего служения. Через эти проповеди многие верующие пришли к осознанию Божьей любви, начав повиноваться Его Заповедям во всех сферах своей жизни и преуспевать духовно. Более того, многие верующие стали получать ответы на все свои молитвы. Но, что еще важнее, они обрели великую надежду на Небеса.

Поэтому, если вы поймете духовное значение Десяти Заповедей, о которых говорится в этой книге, и придете к осознанию великой любви Бога, Который дал нам эти заповеди, примете решение жить в соответствии с ними, то я гарантирую вам, что вы получите от Бога невероятные благословения. Во Второзаконии, 28:1-3, сказано, что вы будете благословенны во все времена: «*Если ты, когда перейдете [за Иордан], будешь слушать гласа ГОСПОДА,*

Бога твоего, тщательно исполнять все заповеди Его, которые заповедую тебе сегодня, то ГОСПОДЬ, Бог твой, поставит тебя выше всех народов земли. И придут на тебя все благословения сии, и исполнятся на тебе, если будешь слушать гласа ГОСПОДА, Бога твоего. Благословен ты в городе и благословен на поле».

Я хочу поблагодарить Джеум Сан Вин, директора издательства «Урим Букс» («Urim Books»), и ее сотрудников за самоотдачу и их ценный вклад в издание этой книги. Я так же молюсь во имя нашего Господа о тех, кто будет читать ее, чтобы они смогли понять и применять Его Заповеди в своей жизни и стать возлюбленными и благословенными детьми Божьими.

Д-р Джей Рок Ли

Введение

Мы воздаем славу Богу Отцу за то, что Он позволил нам собрать все исследования Десяти Заповедей, в которых отражены сердце и воля Бога, в единую книгу - «Закон Божий».

Из первой главы, «Любовь Божья, сокрытая в Десяти Заповедях», читатель почерпнет общую информацию о Десяти Заповедях. Здесь можно найти ответ на вопрос: «Чем в действительности являются Десять Заповедей?». Эта глава помогает нам понять, что Десять Заповедей были даны Богом, потому что Бог любит нас и хочет благословить нас. Исполняя каждую из данных заповедей с любовью, мы можем получить все благословения, которые Бог приготовил для нас.

Прочтя вторую главу, «Первая заповедь», мы узнаем,

что человеку, любящему Бога, легко повиноваться Его Заповедям. В этой главе также объясняется, почему Своей первой заповедью Бог повелел нам не создавать других богов перед Ним.

«Вторая заповедь» повелевает нам не поклоняться идолам, а в духовном смысле - это значит не иметь большой привязанности ни к кому, кроме как к Богу. Здесь же мы узнаем о духовных последствиях поклонения фальшивым идолам и о том, какие благословения и проклятия являются следствием нашего образа жизни.

Глава «Третья заповедь» объясняет, что означает произносить имя Господа напрасно и что надо делать, чтобы избегать этого.

Из «Четвертая заповеди» мы узнаем об истинном значении Дня Господня и почему он, перейдя из Ветхого Завета в Новый Завет, переместился с Субботы на Воскресенье. Эта глава также объясняет, как тремя разными путями должно святить День Господень. И здесь же говорится о том, когда могут быть сделаны исключения из этой заповеди и когда в Субботу допустима деловая активность.

«Пятая заповедь» детально объясняет нам, в чем должно проявляться наше уважение к родителям. Мы также больше узнаем о том, что значит чтить Бога, который является Отцом нашего духа, и узнаем о том, какие благословения мы получаем, когда почитаем Его и наших физических родителей.

Глава «Шестая заповедь» состоит из двух частей. В первой части основное внимание уделяется греху физического убийства человека. Во второй части дается духовное объяснение греху убийства, совершаемого в глубине сердца, в котором могут быть повинны, сами того не зная, многие верующие.

«Седьмая заповедь» говорит о грехе физического прелюбодеяния, а также о прелюбодеянии, которое мы совершаем в нашем сердце или разуме, что является более страшным из двух грехов. Эта глава также раскрывает духовный смысл подобных поступков и рассказывает о возможности избавления от этого греха через пост и молитву, благодаря помощи Духа Святого, силе и благодати Божьей.

В главе «Восьмая заповедь» дается физическое и духовное определение кражи. Эта глава также четко объясняет, как мы можем грешить, обкрадывая Бога, не отдавая Ему десятин и пожертвований или неверно трактуя Слово Божье.

Глава «Девятая заповедь» описывает три вида лжесвидетельства, или обмана. В ней же можно найти рекомендации, как можно вытащить корень лжи из сердца и заполнить сердце правдой.

«Десятая заповедь» - это глава, которая комментирует случаи, когда мы грешим, возжелая то, что принадлежит нашим ближним. Из этой заповеди мы узнаем, что истинное благословение в том, чтобы наша душа процветала, потому что, когда душа преуспевает, благословения и процветание приходят во все сферы нашей жизни.

И, наконец, последняя глава - «Закон пребывания в Боге». Исследуя миссию Иисуса Христа, с любовью исполнившего Закон, мы начинаем узнавать, что должны иметь любовь, если хотим исполнить Слово Божье. Мы также узнаем о любви, которая простирается даже за рамки справедливости.

Я надеюсь, что эта книга поможет вам, читатель, ясно понять духовное значение Десяти Заповедей. Желаю вам исполнять Божьи заповеди и всегда пребывать в светлом присутствии Бога. Я также молюсь во имя Господа, чтобы, исполняя заповеди, вы подошли к такому уровню вашей духовности, когда будете получать ответы на все ваши молитвы и Его щедрые благословения изольются на все стороны вашей жизни.

Джеум Сан Вин,
директор издательства

Содержание

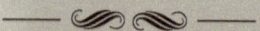

Глава 1

Любовь Божья,
сокрытая в Десяти Заповедях

Исход, 20:5-6

«*Не поклоняйся им и не служи им, ибо Я ГОСПОДЬ, Бог твой, Бог ревнитель, наказывающий детей за вину отцов до третьего и четвертого [рода], ненавидящих Меня, и творящий милость до тысячи родов любящим Меня и соблюдающим заповеди Мои*».

Четыре тысячи лет назад Бог избрал Авраама отцом веры. Бог благословил Авраама и заключил с ним завет, обещая умножить семя его «как звезды небесные и как песок на берегу моря».

И в назначенное Им время Бог образовал Израильский народ из двенадцати сыновей Иакова - внука Авраама. По Божьему провидению, Иаков и его сыновья из-за начавшегося голода переселились в Египет и жили там 400 лет. Это все было частью Божьего плана, чтобы защитить их от уничтожения язычниками и дать им возможность приумножиться и стать большим и сильным народом.

От семидесяти человек, отправившихся в Египет, семья Иакова возросла численно настолько, чтобы стать целым народом. И так как он становился все сильнее, Бог избрал Моисея в качестве лидера Израильтян. Затем Бог повел народ в Ханаан - обетованную землю, текущую молоком и медом.

Десять Заповедей - это слова Божьей любви, которые Он дал Израильтянам, направляя их в землю обетованную.

Для того чтобы войти в землю обетованную - Ханаан, народ должен был соответствовать двум качествам: они должны были иметь веру в Бога и повиноваться Ему. Однако, не установи Бог определенных норм, что есть вера и послушание, они бы так и не поняли, что означает верить и быть послушными Богу. Поэтому Бог дал Израильскому народу Десять Заповедей через их лидера Моисея.

Десять Заповедей являются сводом правил, которым должны следовать люди. Но Бог никого насильно не заставлял повиноваться этим правилам. Только продемонстрировав им Свою удивительную силу, а именно: Десять египетских казней, разделение Красного моря, превращение горькой воды в сладкую, манна Небесная, накормившая Израильтян, и дав им возможность испытать ее на собственном опыте, Бог дал им Десять Заповедей.

Но самое главное, что каждое Слово Божье, в том числе и Десять Заповедей, даны не только Израильскому народу. Это самый краткий путь к получению Его любви и благословений для всех, кто сегодня верует в Него.

Любящее сердце Бога, давшего заповеди

Заботливые родители дают множество советов своим детям: «мойте руки, придя с улицы», «ложась спать, укрывайтесь одеялом» или «не переходите дорогу на красный свет».

Родители призывают своих детей к порядку не для того, чтобы осложнить их жизнь. Они наставляют их, потому что любят. Вполне естественным для родителей является желание защитить своих сыновей и дочерей от болезней и неприятностей, уберечь их от опасностей, помочь им прожить мирную и спокойную жизнь.

Точно так же и Бог дал Десять Заповедей нам, Его детям, потому что Он любит нас.

В Книге Исхода, 15:26, Бог говорит:

«И сказал: если ты будешь слушаться гласа ГОСПОДА, Бога твоего, и делать угодное пред очами Его, и внимать заповедям Его, и соблюдать все уставы Его, то не наведу на тебя ни одной из болезней, которые навел Я на Египет, ибо Я ГОСПОДЬ, целитель твой».

В Книге Левит, 26:3-5, написано:

«Если вы будете поступать по уставам Моим и заповеди Мои будете хранить и исполнять их, то Я дам вам дожди в свое время, и земля даст произрастания свои, и дерева полевые дадут плод свой. И молотьба [хлеба] будет достигать у вас собирания винограда, собирание винограда будет достигать посева, и будете есть хлеб свой досыта, и будете жить на земле [вашей] безопасно».

Бог дал нам заповеди, чтобы мы знали, как найти Его,

как получить благословения и ответы на свои молитвы и в конце концов обрести мирную и радостную жизнь.

Мы должны повиноваться Божьим законам, и в том числе Десяти Заповедям, потому что таковы правила духовного мира. Подобно тому как государства принимают различные нормативные акты, так и в Божьем Царстве есть духовные законы, установленные Богом. Хотя Бог, будучи Творцом, сотворил Вселенную и все, что наполняет ее, и имеет абсолютный контроль над жизнью и смертью, над благословениями и над проклятиями, Он, тем не менее, не диктатор. Являясь Творцом законов, Бог и Сам строго следует им.

Точно так же как мы обязаны подчиняться законам страны, гражданами которой мы являемся, так и, принимая Иисуса Христа своим Спасителем, мы становимся детьми Бога и гражданами Его Царства, а значит должны повиноваться законам этого Царства.

В Третьей книге Царств, 2:3, написано: «И храни завет ГОСПОДА, Бога твоего, ходя путями Его и соблюдая уставы Его и заповеди Его, и определения Его и постановления Его, как написано в законе Моисеовом, чтобы быть тебе благоразумным во всем, что ни будешь делать, и везде, куда ни обратишься».

Пребывать в Законе Божьем означает повиноваться

Словам Божьим, включая и Десять Заповедей, которые записаны в Библии. Пребывая в Законе Божьем, вы получаете Его защиту и благословение, и успех во всех делах ваших.

С другой стороны, побуждая вас нарушать Божьи законы, враг сатана получает возможность искушать вас и создавать трудности в вашей жизни, так как Бог не сможет больше защитить вас. Нарушение законов Божьих – это грех. И, таким образом, мы становимся рабом греха и сатаны, который приведет нас в ад.

Бог желает нас благословить

Итак, основная причина, по которой Бог дал Десять Заповедей, - это любовь Бога к нам и Его желание благословить нас. Он не только желает, чтобы мы имели все благословения на Небесах, но Он также хочет, чтобы мы имели их уже здесь, на земле, и преуспевали во всем, что мы делаем. Осознав Его любовь к нам, мы можем только благодарить Бога за эти заповеди и с радостью повиноваться им.

Как только дети начинают по-настоящему осознавать, насколько сильно родители их любят, они становятся более послушными. Даже получив наказание за непослушание, они знают, что родители поступают так только из-за любви к ним. Они говорят: «Мама, папа! В следующий раз я постараюсь этого не делать, я буду вести себя лучше!» - и бегут в объятия своих родителей. И, по мере взросления, они глубже понимают любовь родителей и их заботу о них, и родительские наставления доставляют им радость.

Истинная любовь родителей дает детям силу для послушания. То же самое происходит и с нами, если мы пребываем в Слове Божьем, данном нам в Библии. Когда люди осознают любовь Бога, Который возлюбил нас настолько, что послал Сына Своего Единородного, Иисуса Христа, для того чтобы Он умер ради нас на кресте, то они стараются твердо придерживаться этих заповедей.

Чем сильнее мы верим в то, что безгрешный Иисус Христос взял на себя все страдания и умер на кресте за наши грехи, тем с большей радостью мы будем повиноваться этим заповедям.

Благословения, данные тем, кто исполняет Его заповеди

Праотцы веры, которые повиновались каждому Божьему Слову и жили согласно Его заповедям, получали огромные благословения и всем сердцем прославляли Бога Отца. И сегодня они изливают на нас вечный свет Истины, который никогда не погаснет.

Вот лишь некоторые из праотцов нашей веры - Авраам, Даниил, апостол Павел. Но и сегодня есть те, кто продолжают их дело.

Например, шестнадцатый президент Соединенных Штатов, Авраам Линкольн учился в школе всего лишь девять месяцев, но благодаря его характеру и добродетели, достойной славы, он и сегодня любим и уважаем многими людьми. Мать Авраама, Нэнси Ханкс Линкольн, умерла, когда мальчику было девять лет, но пока она была жива, она учила сына запоминать короткие стихи из Библии и повиноваться Божьим заповедям.

Перед смертью она сказала сыну: «Я хочу, чтобы ты любил Бога и повиновался Его заповедям». Повзрослев, Авраам Линкольн стал известным политиком, он изменил ход истории, отменив рабство. Шестьдесят шесть книг Библии всегда были рядом с ним. Таким людям, как Линкольн, которые были близки к Богу и пребывали в Его Слове, Бог всегда демонстрировал доказательства Своей любви.

Вскоре, после того как я основал нашу церковь, я посетил одну семейную пару. Супруги состояли в браке уже много лет, но не имели детей. Под водительством Святого Духа я помолился и благословил эту пару. Затем я попросил их хранить День Господень, участвуя в богослужении каждое воскресенье, давать десятины и повиноваться заповедям Божьим.

После этого новообращенная пара стала регулярно посещать воскресные служения и, согласно Божьим заповедям, отдавать Богу десятую часть своих заработков. В результате они получили благословение - у них стали рождаться здоровые дети. Кроме этого, они получили и финансовое благословение. Сегодня муж является старейшиной в церкви, а вся семья оказывает большую поддержку и помощь в евангелизации.

Соблюдать Божьи заповеди - все равно, что в кромешной тьме держать в руках лампу. Если есть такая яркая лампа, то можно не бояться споткнуться обо что-то в темноте. Поэтому, когда с нами Бог, Который является Светом, Он охраняет нас при любых обстоятельствах, и мы можем наслаждаться благословениями и властью, приготовленными для всех детей Божьих.

Ключ к получению всего, о чем мы просим

В 1-м послании Иоанна, 3:21-22, сказано: *«Возлюбленные! если сердце наше не осуждает нас, то мы имеем дерзновение к Богу, и, чего ни попросим, получим от Него, потому что соблюдаем заповеди Его и делаем благоугодное пред Ним»*.

Не замечательно ли сознавать, что, если мы лишь повинуемся Божьим заповедям и делаем угодное Ему, мы можем смело просить Его обо всем, и Он ответит нам? Мы можем представить, как Бог, наблюдая за Своими послушными детьми, радуется тому, что, следуя законам духовного мира, Он может ответить на любую нашу молитву.

Поэтому Десять Заповедей подобны учебнику любви, который учит нас тому, как, проходя через процесс взращивания, найти наилучший путь к благословениям. Благодаря соблюдению заповедей, мы к тому же можем избежать бедствий и катастроф.

Не для наказания за непослушание были даны заповеди, но для наслаждения вечными благословениями в Его прекрасном Небесном Царстве, в которое мы придем через послушание Его заповедям (1-е посл. к Тимофею, 2:4). Когда вы почувствуете и поймете сердце Бога и станете жить по Его заповедям, вы сможете еще больше ощутить Его любовь.

Кроме того, глубже изучая и неукоснительно соблюдая каждую заповедь, благодаря силам, которые придает вам Его любовь, вы сможете получить все благословения, обещанные Им.

Глава 2

———— ⚜ ————

«Да не будет у тебя других богов пред лицем Моим»

Исход, 20:1-3

«И изрек Бог все слова сии, говоря: Я ГОСПОДЬ, Бог твой, который вывел тебя из земли Египетской, из дома рабства. Да не будет у тебя других богов пред лицем Моим».

Людям, которые любят друг друга, общение доставляет удовольствие. Именно поэтому два любящих сердца, находясь вместе, даже зимой не чувствуют холода; каждый из них готов сделать то, что просит любимый. И если даже это трудно, только для того чтобы доставить радость дорогому человеку, они готовы сделать все. Они готовы пожертвовать собой друг ради друга и рады возможности что-то сделать для любимого, потому что улыбка на лице любимого человека делает их счастливыми.

То же самое происходит, когда мы любим Бога. В этом случае послушание Его заповедям не будет для нас бременем, а наоборот, будет приносить только радость.

Десять Заповедей, которым должны повиноваться дети Божьи

В наши дни люди, называющие себя верующими, часто спрашивают: «Как мы можем исполнить все Десять Заповедей?». Обычно они утверждают, что из-за несовершенства человека исполнить все Десять Заповедей невозможно.

Мы можем только попытаться следовать им.

Но в Первом послании Иоанна, 5:3, написано: *«Ибо это есть любовь к Богу, чтобы мы соблюдали заповеди*

Его; и заповеди Его не тяжки». Это означает, что доказательством того, что мы любим Бога, является соблюдение Его заповедей, и Его заповеди не настолько тяжки, чтобы мы не смогли их выполнять.

Во времена Ветхого Завета людям приходилось исполнять заповеди, мобилизуя свою волю и силу, но сейчас, во времена Нового Завета, каждый, кто примет Иисуса Христа как своего Спасителя, получит Святого Духа, Который поможет ему повиноваться заповедям.

Дух Святой един с Богом, и Дух Святой предназначен помогать детям Божьим. Именно поэтому Святой Дух всегда вовремя ходатайствует о нас, утешает нас, управляет нашими действиями и изливает любовь Божью на нас, чтобы мы могли бороться с грехом, вплоть до пролития крови, и действовать по воле Божьей (Деяния Апостолов, 9:31; Посл. к Римлянам, 5:5; 8:26).

Получив силу от Духа Святого, мы будем глубже понимать любовь Бога к нам - Бога, Который отдал Своего Единственного Сына ради нас. И тогда нам легче будет исполнить то, что своими силами сделать было бы невозможно. Есть люди, которые говорят, что выполнить все заповеди Божьи невозможно, хотя они даже и не пытаются делать это, продолжая жить в грехе. Это говорит только о том, что они не любят Бога.

В 1-м послании Иоанна, 1:6, сказано: *«Если мы говорим,что имеем общение с Ним, а ходим во тьме, то мы лжем и не поступаем по истине»*.

И здесь же, 2:4, написано: *«Кто говорит: "я познал Его", но заповедей Его не соблюдает, тот лжец, и нет в нем истины»*.

Если Слово Божье, которое является истиной и семенем жизни, живет в чьем-то сердце, то этот человек не может грешить. Он будет жить под водительством истины. Поэтому если кто-то утверждает, что верит в Бога, но не соблюдает заповедей Его, то это значит, что в нем нет истины и он лжец пред Богом.

Какова же самая первая заповедь, которую должны исполнять дети Божьи и которая доказывает, что они любят Бога?

«Да не будет у тебя других богов пред лицем Моим»

Слова «у тебя» являются обращением и к Моисею, который непосредственно получил Десять Заповедей от Бога, и к Израильтянам, которым Моисей передал Закон, и к нам, детям Божьим, получившим спасение через Иисуса Христа. Как вы думаете, почему Своей самой первой заповедью Бог велит Своему народу не создавать себе других богов?

Потому что только Живой Бог, Всемогущий Создатель Вселенной, является Истиной. Ему принадлежит верховная власть над Вселенной, историей человечества, жизнью и смертью, только Он дает истинную и вечную жизнь человеку.

Бог есть Тот, Кто спас нас от цепей греха в этом мире. Вот почему мы не должны допускать других богов в свое сердце, кроме одного Единого Бога.

Некоторые неумные люди отдаляются от Бога и живут, поклоняясь различным фальшивым идолам. Некоторые боготворят Будду, который и глазом моргнуть не способен, кто-то поклоняется камням или старым деревьям, а кто-то, повернувшись лицом в сторону Северного полюса, молится на него.

Есть люди, которые поклоняются явлениям природы, взывают к именам многих ложных богов, боготворя мертвых. У каждой расы и у каждого народа есть множество своих идолов. Только в одной Японии насчитывается около восьми миллионов различных богов.

Как вы думаете, почему люди создают всех этих ложных идолов и поклоняются им? Все потому, что они либо ищут успокоения для себя, либо просто следуют обычаям своих предков, которые заблуждались. Возможно и то, что они действуют так из эгоизма, думая, что, поклоняясь многим богам, они смогут получить больше благословений или удачи.

Но одно нужно знать твердо: никакой другой бог, кроме Бога Творца, не обладает силой благословлять и тем более спасать людей.

Свидетельства о Боге Творце в природе

В Послании к Римлянам, 1:20, написано: *«Ибо невидимое Его, вечная сила Его и Божество, от создания мира чрез рассматривание творений видимы, так что они безответны».* Если мы посмотрим на устройство Вселенной, то очевидным станет существование Единого Бога Творца.

Например, посмотрев на представителей разных рас, существующих на земле, невозможно не обратить внимание на то, что все люди имеют одинаковое строение тела и функциональное развитие. Независимо от цвета кожи, от принадлежности к расе, страны рождения, у всех людей два глаза, два уха, один нос и один рот, идентично расположенные на лице. То же самое относится и к животным.

Слоны – это животные с длинным носом. Но, заметьте, у них хоть и длинный, но только один нос и две ноздри. У кролика - длинные уши, но глаза, рот и уши в том же количестве, что и у человека. Многочисленные живые организмы, такие, как животные, рыбы, птицы и даже насекомые, имеют особенности, отличающие их друг от друга, но, в то же время, в функциях организма и в строении тела просматривается сходство.

Это доказывает присутствие Единого Творца.

Со всей очевидностью подтверждают существование Бога Творца и природные явления.

За день Земля оборачивается вокруг своей оси, а за год наша планета совершает полный оборот вокруг Солнца; время же обращения Луны вокруг земли – один месяц. Это движение планет по заданной орбите вызывает определенные природные явления. День сменяет ночь, одно время года переходит в другое, происходят приливы и отливы, а разница температур вызывает циркуляцию воздуха в атмосфере.

Расположение и вращение Земли делают эту планету идеальным местом для выживания человечества и всех других живых существ. Солнце и Земля отдалены друг от друга на оптимальное расстояние, которое не может быть ни больше, ни меньше. Вращение Земли вокруг Солнца продолжается многие годы без каких-либо сбоев и ошибок.

Так как Вселенная была создана и управляется мудростью Божьей, то каждый день происходят мириады невообразимых вещей, не доступных человеческому пониманию.

Поскольку есть такие очевидные доказательства Божьего присутствия, то в День Последнего Суда никто не сможет оправдаться, сказав: «Я не мог уверовать, ибо не знал, действительно ли Бог существует».

Однажды сэр Исаак Ньютон попросил опытного механика сконструировать сложную модель солнечной системы. Готовую модель случайно увидел один из приятелей ученого, который был атеистом. Недолго думая, он повернул рычаг, и произошло нечто удивительное. Каждая из смоделированных планет стала вращаться вокруг солнца со своей, определенной скоростью!

Знакомый Ньютона не мог скрыть своего изумления и наконец сказал: «Это по-настоящему великолепная модель! Кто сделал её?». Как вы думаете, что ответил Ньютон? Он сказал: «Да никто не делал! Она сама сделалась в результате случайного стечения обстоятельств».

Приятель, чувствуя, что Ньютон подшучивает над ним, парировал: «Что?! Ты думаешь, я такой глупый. Как такая сложная модель могла появиться сама по себе из ниоткуда?».

На что Ньютон ответил: «Это всего лишь малая копия настоящей солнечной системы. Но ты утверждаешь, что даже она не могла появиться без помощи конструктора, то есть создателя. Как ты можешь тогда объяснить тот факт, что некоторые продолжают верить в то, что настоящая солнечная система, более сложная и несравнимо большая по размерам, появилась без помощи Творца?».

Вот что Ньютон написал в своей книге «Математические начала натуральной философии» (The Philosophiæ Naturalis Principia Mathematica): «Совершенная по красоте система солнца, планет и комет могла появиться только в результате мудрости и силы разумного и могущего Существа... Он (Бог) есть Бог вечный и безначальный».

Именно поэтому большое количество ученых, изучающих законы природы, являются сегодня христианами. Чем больше они изучают природу и Вселенную, тем больше они открывают для себя Всемогущую силу Бога.

Более того, через чудеса и знамения, которые происходят с верующими, через служителей и работников Божьих, возлюбленных и признанных Богом, через историю человечества, через исполняющиеся библейские пророчества Бог являет нам свидетельства того, что Он Бог Живой, чтобы мы уверовали в Него.

Люди, не слышавшие Евангелие, но познавшие Бога Творца

Если посмотреть на историю человечества, то мы увидим, что люди с добрыми сердцами, даже если они ни разу не слышали Благой Вести, признавали Единого Бога Творца и старались жить праведной жизнью.

Люди же с нечистыми сердцами, пытаясь найти утешение, поклонялись разным божествам. Но, с другой стороны, всегда были люди, которые не знали ничего о Боге, но поклонялись и служили лишь Ему Одному, так как их сердца были непорочны и чисты.

Например, адмирал Суншин Ли, который жил во времена династии Чосун, посвятил всю свою жизнь служению своей стране, императору и народу. Он почитал своих родителей и никогда в жизни не стремился к собственной выгоде, но всегда жертвовал собой ради других. И хотя он не знал о Боге и Господе нашем Иисусе, он, тем не менее, не поклонялся шаманам, демонам или злым духам, а с чистой совестью взирал всегда на небеса и верил в Единого Создателя.

Эти добрые люди никогда не слышали Слова Божьего, но они всегда старались вести чистую и непорочную жизнь. И для них Бог тоже открыл путь к спасению посредством, так называемого, «суда совести». Так Бог дарует спасение людям Ветхого Завета или тем, кто родился после Иисуса Христа, но у них не было возможности услышать Евангелие.

В Послании к Римлянам написано (2:14-15): *«Ибо когда язычники, не имеющие закона, по природе законное делают, то, не имея закона, они сами себе закон: они показывают, что дело закона у них написано в сердцах, о чем свидетельствует совесть их и мысли [их], то обвиняющие, то оправдывающие одна другую».*

Когда люди с чистой совестью слышат Евангелие, они легко принимают Господа в свое сердце. Бог дозволяет этим людям временно обитать в Верхней могиле, чтобы они могли войти на Небеса.

Когда жизнь человека кончается, его дух покидает физическое тело. Дух обитает в месте, которое называется «могила». В этом временном пристанище дух, прежде чем отправиться в место своего вечного обитания, привыкает к духовному миру. Могила делится на Верхнюю могилу, где ожидают спасенные души, и Нижнюю могилу, где неспасенные души, мучаясь, ждут своей участи (Бытие, 37:35; Кн. Иова, 7:9; Числа, 16:33; От Луки, 16).

В Деяниях, 4:11-12, сказано: «... и нет ни в ком ином спасения; ибо нет другого имени под небом, данного человекам, которым надлежало бы нам спастись». Итак, чтобы души в Верхней могиле могли услышать Евангелие, Иисус спустился в преисподнюю и проповедовал им Благую Весть.

Писание подтверждает этот факт. В Первом послании Петра, 3:18-19, говорится: «... Христос, чтобы привести нас к Богу, однажды пострадал за грехи наши, праведник за неправедных, быв умерщвлен по плоти, но ожив духом, которым Он и находящимся в темнице духам, сойдя, проповедал». И эти добрые души в Верхней могиле, услышав Евангелие, приняли Иисуса и были спасены.

Бог Справедливости, заглянув в глубины сердец людей, живших во времена Ветхого Завета и никогда не слышавших о Евангелии и Законе, открыл двери спасения перед теми из них, кто имеет добрую совесть и кто уверовал в Единого Творца.

Почему Бог заповедал Своему народу никогда не служить другим богам

Иногда можно слышать, как неверующие говорят: «Христианство требует веры в Единого Бога. Не свидетельствует ли это о том, что христианство - чересчур нетерпимая и негибкая религия?».

Есть также люди, которые причисляют себя к верующим, а сами обращаются к гадалкам, предсказателям, используют амулеты и талисманы.

Бог особо подчеркивает недопустимость компромиссов в этом вопросе. Он сказал: *«Да не будет у тебя других богов...»*. Это означает, что мы не должны восхвалять ни ложных идолов, ни кого-либо из Божьих творений. Мы не должны ставить их на один уровень с Богом.

Есть лишь один Творец, создавший нас, и только Он может дать жизнь и благословить нас. Ложные боги и идолы, которым поклоняются люди, - порождение нашего врага дьявола. Они враждебны Богу.

Дьявол пытается запутать людей, чтобы увести их от Бога. Поклоняясь идолам, люди, фактически, поклоняются сатане и приближают свое собственное падение.

Поэтому те, кто считают себя верующими в Бога, а сами, в сердце своем, поклоняются ложным идолам, находятся во власти дьявола. По этой причине они страдают от несчастий, болезней и испытаний.

Бог есть Любовь, и Он не хочет, чтобы люди Его поклонялись ложным идолам и этим обрекали себя на вечную смерть. И поэтому он заповедал, чтобы мы не имели других богов перед Ним. Только поклоняясь Ему одному, мы можем получить вечную жизнь и обильные благословения уже здесь, на земле.

Мы должны получать благословения, уповая только на одного Бога

В Первой книге Паралипоменон, 16:26, сказано: «*Ибо все боги народов ничто, а ГОСПОДЬ небеса сотворил*». Если бы Бог не заповедал: «*Да не будет у тебя других богов пред лицем Моим*», то люди колеблющиеся, да даже и некоторые верующие, могли бы неосознанно начать поклоняться идолам и тем самым обречь себя на вечную смерть.

Это можно увидеть на примере истории Израиля. Израильтяне, как и другие народы, знали о Едином Творце Вселенной и бесчисленное множество раз на собственном примере убеждались в Его силе. Но со временем они отошли от Бога и начали поклоняться иным богам и идолам.

Они сочли привлекательными языческих идолов и начали поклоняться им наравне с Богом. В результате им пришлось претерпеть различные искушения, бедствия и казни, которые навел на них дьявол. И только тогда, когда они уже не могли больше переносить боль и трудности, они покаялись и вернулись к Богу.

Бог есть Любовь, поэтому Он прощал им вновь и вновь, избавлял их от трудностей, не желая, чтобы в результате идолопоклонства они пришли к вечной смерти.

Бог постоянно показывает нам свидетельства того, что Он есть Творец, чтобы мы поклонялись Ему, и только Ему. Он спас нас от греха, пожертвовав Своим Сыном, Иисусом Христом, обещал нам жизнь вечную - дал нам надежду жить на Небесах вечно.

Являя нам чудеса и знамения через Божьих людей, через шестьдесят шесть книг Библии и через историю человечества, Бог помогает нам познать то, что Он - Бог Живой, и уверовать в Него.

Таким образом, мы должны верно служить Богу - Творцу Вселенной, Который имеет власть над всем сущим. Будучи Его детьми, мы должны, уповая только на Него, приносить добрые и щедрые плоды.

Глава 3

—⚜⚜—

«Не делай себе кумира и никакого изображения и ... не поклоняйся им»

Исход, 20:4-6

«Не делай себе кумира и никакого изображения того, что на небе вверху, и что на земле внизу, и что в воде ниже земли. Не поклоняйся им и не служи им; ибо Я ГОСПОДЬ, Бог твой, Бог ревнитель, наказывающий детей за вину отцов до третьего и четвертого [рода], ненавидящих Меня, и творящий милость до тысячи родов любящим Меня и соблюдающим заповеди Мои».

«Господь умер за меня на кресте. Разве я могу отречься от Господа из-за страха смерти? Лучше мне умереть десять раз за Господа, чем предать Его и жить еще сто или даже тысячу бессмысленных лет. У меня есть единственная цель. Помоги мне преодолеть силу смерти, дабы не постыдить Господа, пытаясь спасти свою жизнь».

Это исповедь преподобного Ки-Чол Чу, который принял мученическую смерть, отказавшись поклониться японским святыням. Его история описана в книге *Более чем победители: история мученичества преподобного Ки-Чол Чу*. Не убоявшись ни меча, ни огнестрельного оружия, Ки-Чол Чу отдал свою жизнь, только чтобы не нарушить заповедь, запрещающую поклоняться любым идолам.

«Не делай себе кумира и никакого изображения и ...не поклоняйся им»

Любить Бога и поклоняться Ему, и только Ему, - это наш христианский долг. Поэтому Бог даровал первую заповедь: *«Да не будет у тебя других богов пред лицем Моим».* Строго-настрого запретив идолопоклонство, Он даровал нам вторую заповедь: *«Не делай себе кумира и никакого изображения и ... не поклоняйся им».*

На первый взгляд, может показаться, что первая и вторая заповеди говорят об одном и том же. Но они обозначены как две разные заповеди, поскольку имеют различное духовное значение. Первая заповедь - это предупреждение против многобожия; она велит нам поклоняться Единому Истинному Богу и любить Его.

Вторая заповедь - это предупреждение против поклонения ложным идолам, но это также и объяснение тех благословений, которые мы получаем, когда служим Богу и любим Его. Давайте рассмотрим поближе, что же означает слово «кумир», или «идол».

Определение слова «идол» как материального предмета

Слово «идол» («кумир») можно объяснить двояко: идол материальный и идол духовный. Во-первых, в сугубо материальном смысле, «идол» это «изображение или материальный предмет, созданный, чтобы представлять бога, то есть того, кто не имеет материальной формы, чтобы ему можно было поклоняться».

Другими словами, любой предмет может стать идолом или кумиром: дерево, камень, изображение человека, животные, насекомые, птицы, рыбы, солнце, луна, звезды на небе или что-либо, созданное человеческим воображением из стали, серебра, золота или другого материала, т.е. предмет, которому можно было бы напрямую поклоняться и служить.

Но идол, созданный человеком, не имеет жизни. Он не может отвечать на просьбы, не может благословлять. Как же глупо и нелепо это выглядит, когда люди, сотворенные по образу Божьему, создают себе своими руками иные образы и поклоняются им, прося о благословениях.

В Книге пророка Исайи говорится (46:6-7): *«Высыпают золото из кошелька и весят серебро на весах, и нанимают серебреника, чтобы он сделал из него бога; кланяются ему и повергаются перед ним. Поднимают его на плечи, несут его и ставят его на свое место; он стоит, с места своего не двигается; кричат к нему, он не отвечает, не спасает от беды».*

Это место из Писания говорит не только о создании и поклонении идолу, но также о ношении амулетов, якобы приносящих удачу, о суеверии, о приношении жертв умершим и поклонении им. Все предрассудки, гадания также попадают под эту категорию. Люди думают, что амулеты способны предотвратить беду и принести удачу, но это не так. Духовно зрелые верующие видят, что амулеты и идолы привлекают темные, злые силы, которые приносят несчастья и беды тем, кто ими владеет. Нет иного бога, способного благословлять, кроме Бога Живого. Все иные боги – это источники бед и проклятий.

Так почему же люди создают идолов и поклоняются им? Потому что им свойственно находить удовлетворение в вещах, которые можно физически ощутить, почувствовать и увидеть.

Эта особенность человеческой психологии проявилась и в Израильтянах, когда они покинули Египет. Когда они взывали к Богу, измученные болью и тяготами четырехсотлетнего рабства, Бог избрал Моисея их вождем, чтобы вывести их из Египта. Он показал им чудеса и знамения, дабы они уверовали в Него.

Когда фараон отказался отпускать Израильтян, Бог наслал Десять казней на Египет. И когда Красное море преградило путь Израильтянам, Бог разделил морские воды. Но даже после всех этих чудес, пока Моисей, поднявшись на гору, в течение сорока дней ожидал получения Десяти Заповедей, его народ, устав ждать, сотворил себе идола и поклонялся ему. Так как слуга Божий - Моисей был недоступен их взору, они захотели создать что-нибудь осязаемое, чему можно было бы поклоняться. Они сотворили золотого тельца и назвали его богом, который вел их по пустыне. Они даже приносили ему жертвы, ели, пили и танцевали перед ним. Из-за этого отступничества Израильтянам пришлось испить чашу гнева Божьего.

Поскольку Бог есть Дух, люди не могут видеть его своими физическими глазами и не могут изобразить его. Поэтому мы никогда не должны создавать идолов, называть их богами и поклоняться им.

В Книге Второзакония, 4:23, сказано: *«Берегитесь, чтобы не забыть вам завета ГОСПОДА, Бога вашего, который Он поставил с вами, и чтобы не делать себе кумиров, изображающих что-либо, как повелел тебе ГОСПОДЬ, Бог твой».* Поклонение безжизненному, беспомощному идолу вместо Бога, истинного Творца, не может принести человеку пользы, но может навлечь на него беду.

Примеры идолопоклонства

Некоторые верующие могут попасть в ловушку идолопоклонства, даже не подозревая об этом. Например, некоторые люди кланяются изображению Иисуса, статуе Девы Марии или кому-то из предтечей веры.

Многие люди не считают это идолопоклонством, но, тем не менее, это форма идолопоклонства, которая не угодна Богу. Например, многие называют Деву Марию «Святой Матерью». Но, изучая Библию, вы поймете, что это абсолютно неверно.

Иисус был зачат от Духа Святого, а не посредством

оплодотворенной яйцеклетки. Поэтому мы не можем называть Деву Марию «матерью». Сегодня, к примеру, современные технологии позволяют вырастить эмбрион в пробирке, куда предварительно была помещена оплодотворенная яйцеклетка. Но мы же не называем это приспособление «матерью» ребенка, который появился на свет в результате искусственного оплодотворения.

Иисус, будучи по природе единым с Богом Отцом, был зачат Святым Духом. Тело Девы Марии использовалось для того, чтобы Он мог прийти в это мир во плоти. Именно поэтому Иисус, обращаясь к Марии, называет её женщиной, а не матерью (От Иоанна, 2:4; 19:26). А если в Библии Марию и называют матерью Господа, так только ученики, которые писали Библию.

Перед самой смертью, Иисус сказал Иоанну: *«Се, матерь твоя!»* - указывая на Марию. В данном случае Иисус просил Иоанна позаботиться о Марии как о собственной матери (От Иоанна, 19:27). Он попросил об этом, потому что старался утешить Марию, ибо понимал скорбь её сердца - сердца женщины, которая служила Ему с момента зачатия от Духа Святого и до того момента, когда он возмужал и укрепился силой Божьей и обрел самостоятельность.

Тем не менее, поклоняться статуе Девы Марии - это неправильно.

Несколько лет назад, когда я посещал одну из

ближневосточных стран, один влиятельный человек пригласил меня к себе и во время нашего разговора показал мне интересный ковер. Этот ковер не имел цены – он был сделан вручную и на его создание ушли годы. И на этом ковре было изображение чернокожего Иисуса. Как мы видим, даже внешний облик Иисуса меняется в зависимости от того, кто художник или скульптор. Значит, если бы мы поклонялись этому изображению и молились ему, мы бы совершали идолопоклонство, а это совершенно неприемлемо.

Что является «идолом», а что - нет?

Иногда встречаются чересчур осторожные люди, которые утверждают, что даже крест на церкви - это своего рода идол. Но крест - это не идол. Это символ того Евангелия, в которое уверовали христиане. Когда верующие взирают на крест, они вспоминают святую Кровь Иисуса, пролитую за грехи человечества, а также благодать Божью, даровавшую нам Благую Весть. Крест никак не может являться объектом поклонения или идолом.

То же самое можно сказать об изображениях Иисуса, держащего овечку, или изображениях Тайной вечери, или любой другой скульптуре, где художник хотел выразить определенную мысль.

Картина Иисуса, держащего овечку, показывает его добрым пастырем. Художник не создавал это изображение, чтобы оно стало объектом поклонения. Но если кто-либо начнет поклоняться этому изображению, то оно превратится в идола.

Есть люди, которые утверждают, что во времена Ветхого Завета сам Моисей сделал идола. Они имеют в виду тот случай, когда Израильтяне, возроптав на Бога, страдали от ядовитых змей в пустыне, и многие стали умирать от их укусов. Тогда Моисей воздвиг на шесте змея из меди. Тот, кто, повинуясь Слову Божьему, взглянул на медное изваяние, остался в живых; а кто не поверил и не посмотрел на змея – умер.

Бог не повелел Моисею воздвигнуть змея, чтобы люди поклонялись ему. Он хотел тем самым показать прообраз Иисуса Христа, Который однажды придет, чтобы, в соответствии с духовными законами, спасти их от проклятия, наложенного на них.

Люди, послушавшие Бога и взглянувшие на медного змея, не поплатились жизнью за свои грехи. Подобно этому, те души, которые уверовали, что Иисус Христос умер на кресте за их грехи, и приняли Его как своего Спасителя и Господа, не погибнут, но будут иметь жизнь вечную.

В 4-й книге Царств, 18:4, говорится, что когда шестнадцатый царь Иудеи, Езекия, уничтожал всех идолов в Израиле, то также *«истребил медного змея, которого сделал Моисей, потому что до самых тех дней сыны Израилевы кадили ему и называли его Нехуштан».* Это должно послужить всем предупреждением: хотя медный змей и был создан по повелению Божьему, он никогда не должен был быть предметом поклонения, так как Бог предназначил его совсем для другого.

Духовный смысл понятия «идол»

Слово «идол» можно понимать в буквальном, физическом смысле. Но мы должны также знать и его духовное значение. Духовное определение греха идолопоклонства включает в себя все, что человек любит больше Бога. Идолопоклонство не ограничивается лишь поклонением статуе Будды или ушедшим предкам.

Если мы любим своих родителей, супругов или детей больше Бога, то в духовном смысле мы превращаем наших любимых в «идолов». А если мы возомнили о себе слишком много и чрезмерно любим себя, то мы превращаем в «идола» самого себя.

Конечно, это не означает, что мы не можем любить кого-то другого, кроме Бога. Например, Бог вменил детям в обязанность по-настоящему любить своих родителей. Он также заповедал почитать отца своего и мать свою. Но если любовь к родителям становится причиной, из-за которой мы отклоняемся от истины, то это значит, что мы возлюбили родителей больше Бога и превратили их в «идолов».

Родители произвели нас на свет в нашем физическом теле, однако в конечном итоге Бог является Творцом семени жизни, и Он есть Отец нашего духа. Представим себе, что родители – не христиане не одобряют походов сына в церковь по воскресеньям. Если этот сын-христианин отказывается от церкви, чтобы сделать приятное родителям, то он возлюбил родителей своих больше Бога. Это не только печалит сердце Божье, но и означает, что на самом деле этот сын не любит и своих родителей.

Если вы действительно любите кого-то, то захотите, чтобы этот человек был спасен и обрел вечную жизнь. Это - истинная любовь. Поэтому прежде всего вы должны соблюдать День Господень, а также молиться за своих родителей и при первой возможности поделиться с ними Благой Вестью. Только тогда вы сможете сказать, что по-настоящему любите и почитаете их.

То же относится и к родителям. Как мамы и папы воистину любят своих детей, так они должны прежде всего возлюбить Господа Бога, а затем в любви Божьей растить своих детей. Как бы не были дороги нам наши дети, своими ограниченными человеческими возможностями мы не сможем уберечь их от дьявола. Не в наших силах спасти их от несчастных случаев, вылечить болезни, перед которыми бессильна даже современная медицина.

Но когда родители служат Богу и вверяют своих детей в Его руки и любят их Божьей любовью, Бог будет защищать их. Он даст им не только духовную и физическую силу, но и обильно благословит их, чтобы они имели успех во всех областях жизни.

Это можно сказать и о супружеской любви. Супруги, которым не известна истинная Божья любовь, будут любить друг друга лишь плотской любовью. Они станут искать собственной выгоды, оттого между ними и будут возникать ссоры. А со временем их любовь друг к другу может даже угаснуть.

Но когда супруги превыше всего любят Бога, то и друг друга они будут любить духовной любовью. Поэтомуони не станут обижаться и сердиться, не будут стремиться к удовлетворению своих эгоистичных желаний. Они разделят друг с другом любовь, неизменную, истинную и прекрасную.

Любить что-нибудь или кого-нибудь больше, чем Бога

Только когда мы пребываем в любви Божьей и больше всего и всех любим Бога Отца, мы можем любить других истинной любовью. Господь говорит нам: *«Возлюби Господа Бога всем сердцем»* и *«Да не будет у тебя других богов пред лицем Моим»*. Но если вы, услышав об этом, скажете: «Я ходил в церковь, и они там научили меня любить только Бога и не любить членов своей семьи», то это будет полным искажением духовного толкования этих заповедей.

Если, будучи верующим, вы нарушаете Божьи заповеди, идете на компромисс с миром ради богатства, славы, знаний или власти и таким образом отходите от истины, то в духовном смысле это значит, что вы создаете себе идолов.

Есть люди, которые не соблюдают День Господень или не отдают десятины, так как богатство им дороже Бога. И все это несмотря на то, что Бог обещал благословить тех, кто жертвует десятины.

Часто молодежь вешает на стенах в своих комнатах плакаты с изображениями своих любимых певцов, актеров, спортсменов или музыкантов. Носят их фотографии в бумажнике или, чтобы они были ближе к сердцу, во внутреннем кармане. Тем самым они показывают, что любят этих людей больше, чем Бога.

Конечно, нет ничего плохого в том, чтобы любить и уважать актеров, спортсменов и других людей за их достижения. Но если вы будете любить и лелеять то, что принадлежит этому миру настолько, что они станут отдалять вас от Бога, то Ему это не понравится. Даже дети, если их сердца будут слишком привязаны к определенным игрушкам, могут сотворить «идолов» из своих игрушек или видеоигр.

Ревность Бога исходит из любви

После строгих указаний по части поклонения идолам, Бог говорит нам и о благословениях для тех, кто послушен Ему, а также предостерегает неповинующихся Ему:

«Не поклоняйся им и не служи им; ибо Я ГОСПОДЬ, Бог твой, Бог ревнитель, наказывающий детей за вину отцов до третьего и четвертого [рода], ненавидящих Меня, и творящий милость до тысячи родов любящим Меня и соблюдающим заповеди Мои» (Исход, 20:5-6).

Когда Бог говорит, что он «Бог ревнитель», это совсем не означает, что Он ревнует подобно людям. На самом, деле ревность не присуща Богу. Он употребляет слово «ревность» для того, чтобы провести параллель с более понятными нам человеческими эмоциями. Ревность, которая возникает у людей, является порождением плоти, она нечиста, порочна, доставляет страдания людям, испытывающим это чувство.

К примеру, если муж полюбил другую женщину, а его жена, узнав об этом, стала ревновать, то изменения, которые вдруг начнут происходить в жене, будут пугающими. Она будет исполнена злости и ненависти, начнет ссориться с мужем, рассказывать всем своим знакомым о его недостатках и унижать его. Она также может пойти к той женщине и избить ее или подать иск против своего мужа. В таком случае, когда жена из ревности желает плохого своему мужу, ее ревность исходит не из любви, а из ненависти.

Если жена действительно любила бы мужа духовной любовью, то вместо того чтобы чувствовать плотскую ревность, она сначала критически посмотрела бы на себя и спросила: «Нахожусь ли я в правильных отношениях с Богом? Действительно ли я люблю своего мужа и готова служить ему?». И вместо того чтобы бесславить своего супруга и говорить всем своим знакомым о его недостатках, она будет просить Бога о мудрости, которая поможет ей вернуть мужа в семью.

Так какую же ревность испытывает Бог? Если мы не живем по истине и не поклоняемся Живому Богу, Он отворачивает Свое лицо от нас, и тогда приходят испытания, скорби и болезни. Если в этом случае верующий человек поймет, что постигшие его несчастья являются результатом греха (От Иоанна, 5:14), то он покается и будет вновь искать Господа.

Будучи пастором, я встречаюсь с членами церкви, которые время от времени переживают подобные случаи. Например, один из членов церкви стал преуспевающим бизнесменом, и его дело начало процветать. Ссылаясь на свою занятость и оправдывая себя этим, он перестал фокусироваться на Боге и делать дело Божье, не молился. Затем он дошел и до того, что начал пропускать воскресные служения.

В результате Бог отвернул от него Свое лицо, и его некогда процветающий бизнес оказался в кризисном положении. Только после этого он смог осознать, что ошибался, не живя согласно Божьим заповедям, и покаялся. Бог предпочтет, чтобы его любимые дети, пережив кратковременные трудности и поняв Его волю, получили спасение и встали на верный путь, чем были отвергнуты навеки.

Если бы Бог не чувствовал этой ревности, любя нас, а вместо этого безразлично наблюдал бы за тем, как мы грешим, то мы не только не осознали бы своих ошибок, но, оставаясь жестокосердными, продолжали бы грешить, что неминуемо привело бы нас к погибели. Чувство Божьей ревности продиктовано истинной любовью. Это - проявление Его великой любви и желание изменить нас, чтобы привести нас в жизнь вечную.

Благословения и проклятия, зависящие от послушания и непослушания второй заповеди

Бог - наш Творец и Отец, который отдал в жертву Своего Единственного Сына, чтобы все люди спаслись. Он - Властелин жизни всех людей, Он желает благословить тех, кто поклоняется Ему.

Но поклонение идолам вместо поклонения и прославления Живого Бога говорит о том, что мы Его ненавидим. И люди, которые ненавидят Бога, получают возмездие, и написано, что дети будут наказаны за вину отцов до третьего и четвертого рода (Исход, 20:5).

Оглянувшись вокруг, мы можем увидеть, что семьи, несколько поколений которых поклонялись идолам, получают возмездие за это. Члены этих семей могут страдать неизлечимыми болезнями, уродствами, умственной отсталостью, могут быть одержимы бесами, совершать самоубийства, испытывать финансовые трудности или сталкиваться со многими другими испытаниями.

И если все эти несчастья распространятся уже на четвертое поколение одной семьи, то такая семья будет полностью разрушена и восстановить ее будет невозможно.

Как вы думаете, почему Бог сказал, что будет наказывать до «третьего и четвертого рода», а не просто «до четвертого рода»? В этом проявляется Божье сострадание. Он дает шанс выжить тем потомкам, которые раскаиваются и ищут Бога, даже притом, что их предки поклонялись ложным идолам и были враждебны Богу. Благодаря этим потомкам Бог может остановить наказание, наложенное на весь род.

Но тем, чьи предки враждебно относились к Богу, усиленно поклонялись идолам и накопили много зла, чтобы принять Господа как своего Спасителя, придется преодолеть большие трудности.

Даже приняв Бога, они продолжают быть связаны духовными нитями со своими предками, и пока они не одержат духовную победу, трудности в их жизни будут продолжаться. Враг дьявол будет всячески препятствовать тому, чтобы эти люди уверовали, желая забрать их с собой в вечную тьму.

Однако, если потомки, ища милосердия Божьего, покаются в грехах своих предков со смиренным сердцем и будут пытаться избавиться от своей греховной природы, то, без сомнения, Бог защитит их. С другой стороны, когда люди любят Бога и исполняют Его заповеди, Он благословляет их до тысячи родов, позволяя им получить Его вечную благодать. Если мы осознаем, что Бог наказывает до третьего и четвертого родов, а благословляет до тысячи родов, то отчетливо поймем, как Бог любит нас.

Но это не означает, что вы автоматически получите обильные благословения только потому, что ваши предки были верными служителями Бога. Например, Бог назвал Давида «мужем по сердцу Моему» и пообещал благословить его род (3-я кн. Царств, 6:12). Однако мы знаем, что дети Давида, отвернувшиеся от Бога, не получили обещанных благословений.

Изучая жизнь израильских царей, можно заметить, что те, кто поклонялись и служили Богу, получали благословения, обещанные Давиду. Под их руководством народ настолько процветал и преуспевал, что соседние страны начинали уважать их. Однако те цари, которые пренебрегали Богом и согрешали перед Ним, проходили чрез многие трудности в течение всей жизни.

Только любящий Бога, не подверженный идолопоклонству и старающийся жить по истине человек может получить все благословения, которые его прародители накопили для него.

Поэтому, когда в нашей жизни нет места духовным и физическим идолам, которые отвратительны Богу, когда Бог для нас на первом месте, тогда мы сможем получить щедрые благословения, которые Бог обещал своим верным служителям и их будущим поколениям.

Глава 4

— ∽❧❧∾ —

«Не произноси имени ГОСПОДА, Бога твоего, напрасно»

Исход, 20:7

«Не произноси имени ГОСПОДА, Бога твоего, напрасно, ибо ГОСПОДЬ не оставит без наказания того, кто произносит имя Его напрасно».

Нетрудно заметить, насколько трепетно Израильтяне относились к Божьим словам. Это подтверждается и тем, насколько тщательно переписывалась Библия и с каким благоговением они читали ее.

До возникновения книгопечатания, Библия переписывалась вручную. И каждый раз, когда предстояло написать имя Бога - «Иегова», переписчик омывал свое тело несколько раз и даже заменял перо, которым он писал до этого, – настолько святым было это имя. Если переписчик делал ошибку, то он вырезал часть рукописи и заменял ее другим текстом. Но если он, сбившись, неправильно писал имя «Иегова», то он должен был перепроверить всю рукопись с самого начала.

В те времена, когда Израильтяне читали Библию, они не произносили вслух имя - «Иегова». Они заменяли это имя словом «Адонай», что означает «мой Господь», так как считали имя Бога слишком святым, чтобы его можно было произносить.

Поскольку имя Яхве было именем Бога, то Израильтяне верили, что в нем заключена Божья слава и Его суверенная сущность. Для них это имя означало Того, Кто был Всемогущим Творцом.

«Не произноси имени ГОСПОДА, Бога твоего, напрасно»

Многие и не помнят, что эта заповедь входит в число Десяти Заповедей. Даже среди верующих можно встретить людей, которые, не уважая имя Бога, употребляют его всуе.

Употреблять имя всуе - значит недостойно использовать его, легкомысленно и неприемлемо обращаться со святым именем Божьим, противореча истине.

Например, если кто-либо, выражая собственное мнение, выдает его за слово Божье или, действуя по своему усмотрению, заявляет, что исполняет Божью волю, то произносит имя Божье напрасно. Использовать Божье имя для ложного свидетельства, шутки ради - все это примеры напрасного употребления имени Бога.

Другим примером напрасного употребления имени Бога является недовольство Богом в трудных обстоятельствах, когда люди, никогда не искавшие Его, заявляют: «Почему Бог так безразличен!», или: «Если бы Он был на самом деле Живым Богом, разве Он допустил бы это?».

Как Бог может считать нас безгрешными, если мы, Его творения, употребляем имя нашего Создателя, достойного всей славы и почестей, всуе? Поэтому нам нужно почитать Бога и жить в истине, задумываясь над тем, не выказываем ли мы недовольства или неуважения по отношению к Богу.

Итак, почему употребление имени Бога всуе считается грехом?

Во-первых, употребляя имя Божье всуе, мы показываем, что не веруем в Него.

Даже среди философов, исследующих смысл жизни и существования Вселенной, встречаются люди, которые заявляют, что Бог мертв. Утверждения о том, что Бога нет, слышатся и среди обычных людей.

Однажды один советский космонавт сказал: «Я был в космосе, но нигде не видел Бога». Но, будучи космонавтом, он должен был знать, что он видел всего лишь незначительную часть огромной Вселенной. Безумно утверждать, что Бога, Творца всей Вселенной, не существует только потому, что он не смог увидеть его своими глазами в той малой части космоса, где он находился.

В Псалме, 52:2, сказано: *«Сказал безумец в сердце своем: „нет Бога". Развратились они и совершили гнусные преступления; нет делающего добро».* Человек, взирающий на Вселенную со смиренным сердцем, обнаружит бесчисленное множество доказательств существования Бога Творца (Посл. к Римлянам, 1:20).

Бог дал каждому шанс уверовать в Него. До Иисуса, во времена Ветхого Завета, Бог касался сердец добрых людей, чтобы и они почувствовали присутствие Живого Бога. После Иисуса Христа, во времена Нового Завета, Бог продолжает стучаться в двери человеческого сердца различными способами, дабы многие могли прийти и познать Его.

Поэтому большинство добрых людей открывают свои сердца, принимают Иисуса Христа и спасаются, вне зависимости от того, как к ним пришла Благая Весть. Тем, кто искренне ищет Его, Бог дает испытать Свое присутствие, касаясь их сердец во время молитвы, через видения и духовные сны.

Однажды я услышал удивительное свидетельство одной женщины - члена нашей церкви. Как-то ночью ее мать, которая, заболев раком, отошла в вечность, пришла к ней во сне и сказала: «Если бы я встретила д-ра Джей Рока Ли, старшего пастора Центральной церкви «Манмин», я бы исцелилась...». Эта женщина уже была знакома с нашей церковью, но после этого сна она и вся её семья стали членами нашей церкви, а ее единственный сын был исцелен от эпилепсии.

Есть ещё люди, продолжающие отрицать существование Бога, несмотря на то, что Он разными путями доказывает нам Свое существование. А все потому, что сердца их безумны и злы. Как Бог может не вменить им это в грех, если они продолжают ожесточать свои сердца против Него, пренебрегают Им, не верят в Него?

Бог, у Которого даже все волосы на голове нашей сочтены, наблюдает за каждым нашим поступком огненным взглядом. Если бы люди поверили в это, то никогда бы не стали употреблять имя Божье всуе. Некоторые люди, считая себя верующими, продолжают употреблять Его имя напрасно, так как на самом деле вера их не идет от сердца. И это становится их грехом перед Богом.

Во-вторых, употребляя имя Бога всуе, мы пренебрежительно относимся к Богу.

Пренебрегать Богом - значит не почитать и не уважать Его. Посмевший не уважать Бога, Творца Вселенной, не может считать себя безгрешным.

В Псалме, 95:4, говорится: *«Ибо велик ГОСПОДЬ и достохвален, страшен Он паче всех богов».* А в Первом послании к Тимофею, 6:16, сказано: *«... единый имеющий бессмертие, Который обитает в неприступном свете, Которого никто из человеков не видел и видеть не может. Ему честь и держава вечная! Аминь».*

В Исходе, 33:20, читаем: *«И потом сказал Он: лица Моего не можно тебе увидеть, потому что человек не может увидеть Меня и остаться в живых».* Бог Творец так велик и могущественен, что мы, Его творения, не можем смотреть на Него без трепета и восхищения.

В древние времена люди с чистой совестью, даже не зная Живого Бога, всегда обращали взоры к Небесам со словами почтения. Например, в Корее люди используют уважительную форму речи, когда говорят о Небесах или просто о погоде, показывая тем самым свое уважение к Создателю. Возможно, они не знали ГОСПОДА Бога, но они знали, что Всемогущий Творец посылает им все необходимое, например, дождь с неба. Поэтому выражали свое почтение к Творцу.

Большинство людей уважительно отзываются о своих родителях или о людях, которых они искренне ценят и уважают. А разве нам не следует отзываться о Боге – Творце всей Вселенной, о Том, Кто даровал нам жизнь, с еще большим почтением?

К сожалению, есть люди, которые, называя себя верующими, относятся к Богу без должного уважения и не чтят Его имени. Такие люди шутят, используя имя Божье, или небрежно цитируют слова из Библии. Но в Библии сказано: «... и слово было Бог» (От Иоанна, 1:1). Если мы непочтительно относимся к словам Библии, мы непочтительно относимся к Самому Богу.

Лгать, прикрываясь именем Божьим, - это ещё один случай неуважения к Богу. Человек, высказывающий свои собственные мысли, но при этом говорящий: «Это голос Бога», «Это голос Духа Святого», проявляет неуважение к Богу. Мы считаем невежливым грубо и неуважительно отзываться о пожилом человеке. Насколько же более осторожными мы должны быть, чтобы не проявлять непочтение к Богу.

Сердца и мысли всех живых существ - словно на ладони у Всемогущего Бога. Ему известны и дурные, и добрые мотивы наших поступков. Огненным взглядом Бог следит за жизнью каждого человека, и Он будет судить каждого по его поступкам. Если человек верит в это, то он никогда не станет употреблять имя Божье всуе или поступать по отношению к Богу безрассудно.

Мы также должны всегда помнить, что люди, воистину любящие Бога, должны не только следить за тем, как они употребляют имя Божье, но и быть осторожными, когда дело касается вещей, так или иначе относящихся к Богу. Люди, по-настоящему любящие Бога, будут также с уважением относиться к зданию церкви, больше, чем о собственном, заботиться о церковном имуществе. Особенно осторожны они будут, когда дело касается церковных денег, вне зависимости от размеров суммы.

Если вы нечаянно разбили чашку, зеркало или окно в

церкви, сделаете ли вы вид, будто ничего не произошло, забудете ли вы об этом? Неважно, о каких мелочах идет речь: мы должны относиться с особой заботой и аккуратностью к вещам, которые предназначены для служения Богу.

Также нужно проявлять осторожность по отношению к служителю Божьему, чтобы не унизить и не осудить его, не умолить значимости события, явленного Духом Святым, так как все это напрямую относится к Богу.

Хотя царь Саул совершил много злых поступков против Давида, создал угрозу его жизни, Давид сохранил жизнь Саула, потому что Саул был помазанником Божьим (1-я кн. Царств, 26:23). Таким образом, всякий любящий и почитающий Бога будет с уважением относиться ко всему, что относится к Богу.

В-третьих, употреблять имя Божье всуе значит лгать с именем Его на устах.

Читая Ветхий Завет, мы узнаем, что в истории Израиля были ложные пророки. Эти лжепророки вводили людей в заблуждение, выдавая ложную информацию за слова Бога.

Во Второзаконии, 18:20, Бог строго предупреждает против таких людей: *«Но пророка, который дерзнет говорить Моим именем то, чего Я не повелел ему говорить,*

и который будет говорить именем богов иных, такого
пророка предайте смерти». Ложь от имени Бога влечет за
собой смертное наказание.

В Откровении, 21: 8, говорится: *«Боязливых же и*
неверных, и скверных и убийц, и любодеев и чародеев, и
идолослужителей и всех лжецов участь в озере, горящем
огнем и серою; это - смерть вторая».

Если есть смерть вторая, то есть и смерть первая.
Имеются в виду люди, умирающие в этом мире без веры в
Бога. Эти люди будут отправлены в Нижнюю могилу, где
их ждет жестокое наказание за их грехи. Но спасенные
души будут жить, подобно царям, в течение тысячи лет во
время Тысячелетнего Царства на этой земле, после того как
во время Второго Пришествия они встретятся с Господом
Иисусом Христом, грядущим на облаке.

После Тысячелетнего Царства придет время Суда
Великого Белого Престола, когда люди будут судимы
по делам их и получат либо духовную награду, либо
духовное наказание. В это время души неспасенных людей
воскреснут, чтобы предстать перед судом, и каждая душа,
в соответствии с тяжестью своих грехов, будет отправлена
или в озеро, горящее огнем, или в озеро, горящее серой.
Это и есть смерть вторая.

В Библии сказано, что все лжецы подвергнутся второй

смерти. В данном случае, имеются в виду лжецы, которые обманывают с именем Бога на устах. Это относится не только к лжепророкам, но также и к тем, кто клянется именем Бога, но потом нарушает клятву, ибо это - то же самое, что обманывать с именем Бога и употреблять имя Божье напрасно. В Книге Левит, 19:12, Бог говорит: *«Не клянитесь именем Моим во лжи, и не бесчести имени Бога твоего. Я ГОСПОДЬ»*.

Но есть верующие, которые обманывают, используя имя Бога. Например, они могут сказать: «Когда я молился, я слышал голос Духа Святого. Я думаю, это был знак от Бога», хотя Бог не имел к этому никакого отношения. Или они, указывая на какое-нибудь событие, бездумно говорят: «Бог совершил это». Хорошо, если Бог действительно совершил это; но проблемы начинаются тогда, когда мы говорим просто так, по привычке, о том, что не является деянием Духа Святого.

Конечно, как дети Божьи, мы должны всегда слушать голос Духа Святого и получать от Него наставления. Но важно знать, что если мы являемся спасенными детьми Божьими, это еще не значит, что мы всегда будем слышать голос Духа Святого. Мы будем слышать Его голос столько, насколько очистим себя от грехов и будем исполняться истиной. Но человек, не живущий по истине и вступающий в компромисс с этим миром, не может услышать голос Духа

Святого.

Человек, наполненный неправдой, хвастливо и дерзко выдающий свои плотские мысли за деяния Духа Святого, обманывает тем самым не только других людей, но и лжет перед Богом. Даже если такой человек в действительности услышал голос Духа Святого, он должен проявить сдержанность, пока у него не будет стопроцентной уверенности в этом. Мы не должны опрометчиво приписыватьвсё действиям Духа Святого, и к подобным заявлениям других людей нужно относиться с величайшей осторожностью.

То же самое правило относится к снам, видениям и иным духовным переживаниям. Некоторые сны исходят от Бога, но другие сны могут быть следствием сильного желания или тревог о чем-то. А некоторые сновидения исходят от сатаны, поэтому не следует поспешно заявлять: «Это сновидение от Бога», так как это неверно в очах Божьих.

Часто люди винят Бога в тех несчастьях и трудностях, которые, на самом деле, являются делом рук дьявола и посылаются за грехи их. И зачастую люди небрежно, по привычке, поминают Бога всуе. Когда дела идут в гору, такие люди говорят: «Бог благословляет меня!». И этот человек может даже начать свидетельствовать о благословениях Божьих; но важно различать свидетельство, идущее от чистого сердца, от свидетельства, идущего от сердца хвастливого и тщеславного.

В Книге притчей Соломоновых, 3:6, сказано: *«Во всех путях твоих познавай Его, и Он направит стези твои»*. Но это не значит, что мы можем непрестанно упоминать святое имя Божье по любому поводу. Наоборот, человек, признающий пути Божьи, будет стараться жить по истине всегда и при этом будет весьма осторожным, если это касается имени Божьего. И, даже употребляя имя Божье, такой человек всегда будет делать это с верным и благоговейным сердцем.

Если мы не хотим грешить, упоминая имя Божье всуе, мы должны день и ночь размышлять над Его Словом, быть усердными в молитве и исполняться Духом Святым. Только поступая так, мы сможем ясно услышать голос Духа Святого и под Его водительством поступать праведно.

Всегда благоговейте перед Ним и почитайте Его

Бог точен и скрупулезен во всем. И потому каждое слово, написанное Им в Библии, является правдой. Если мы посмотрим, как Бог обращается к верующим, то мы увидим, что Он использует самые нужные слова в каждой, конкретной ситуации. Например, есть большая разница в том, какое значение и какой смысл вложены в обращения «брат» и «возлюбленный». Бог, порой обращаясь к людям, использует слова «отцы», «юноши» или «дети», всякий раз подбирая нужные слова с нужным смыслом, в зависимости от уровня веры того, к кому Бог обращается (1-е посл. к Коринфянам, 1:10; 1-е посл. Иоанна, 2:12-13; 3:21-22).

То же самое относится к имени Святой Троицы. Мы встречаемся с использованием разных имен Троицы: ГОСПОДЬ Бог, Иегова, Бог Отец, Мессия, Господь Иисус, Иисус Христос, Агнец, Дух Господень, Дух Божий, Священный Дух, Дух Святости, Святой Дух, Дух (Бытие, 2:14; 1-я кн. Паралипоменон, 28:12; Псалом, 103:30; От Иоанна, 1:41; Посл. к Римлянам, 1:4).

В Новом Завете, до того как Иисус принял крестные муки, к Нему обращались, называя Его Иисусом, Учителем, Сыном Человеческим. Но после смерти и Воскресения Иисуса называют уже Иисусом Христом, Господом Иисусом Христом, Иисусом Христом из Назарета (1-е посл. к Тимофею, 6:14; Деяния, 3:6).

До распятия, когда Он еще не исполнил свою миссию Спасителя, Его зовут «Иисус», то есть тот, кто «спасет людей Своих от грехов их» (От Матфея, 1:21). Но после завершения миссии его назовут «Христос», что означает «Спаситель».

Бог, будучи совершенным, хочет, чтобы и мы были совершенны в наших словах и поступках. Поэтому, когда мы употребляем имя Божье, мы должны быть весьма осмотрительны. Бог говорит в Первой книге Царств (2:30): *«... Я прославлю прославляющих Меня, а бесславящие Меня будут посрамлены».*

Если мы в действительности всем сердцем почитаем Бога, мы никогда не совершим ошибку, упоминая имя Божье всуе, но всегда будем иметь страх Господень. И я молюсь, чтобы вы всегда бодрствовали в молитве, с бдительным сердцем, чтобы жизнью своей прославить Бога.

— ❧❧ —

«Помни день субботний, чтобы святить его»

Исход, 20:8-11

«Помни день субботний, чтобы святить его. Шесть дней работай и делай всякие дела твои, а день седьмой — суббота ГОСПОДУ, Богу твоему: не делай в оный никакого дела ни ты, ни сын твой, ни дочь твоя, ни раб твой, ни рабыня твоя, ни скот твой, ни пришелец, который в жилищах твоих. Ибо в шесть дней создал ГОСПОДЬ небо и землю, море и все, что в них, а в день седьмой почил. Посему благословил ГОСПОДЬ день субботний и освятил его».

Если вы приняли Христа и стали чадом Божьим, вам, прежде всего, надлежит прославлять Бога каждое Воскресенье и жертвовать Ему свои десятины. Ваши десятины и приношения показывают вашу веру в то, что Бог имеет власть над всеми физическими и материальными предметами, а ваше исполнение заповеди о Субботе показывает вашу веру в Его власть и над духовным миром (Кн. пророка Иезекииля, 20:11-12).

Когда мы действуем с верой, признавая власть Бога в мире материальном и духовном, Бог оберегает нас от катастроф, искушений и переживаний. Мы ещё подробно остановимся на важности жертвования десятины в восьмой главе, а в этой главе мы обратим особое внимание на заповедь о соблюдении Субботы.

Почему День воскресный стал Днем субботним?

День, предназначенный Богом для отдыха и покоя, называется Днем субботним. Начало этому было положено, когда Бог, сотворив Вселенную за шесть дней, почил в седьмой день от всех дел Своих (Бытие, 2:1-3). Бог благословил седьмой день и освятил его, заповедовав и человеку отдыхать в этот день.

В Ветхом Завете День Господень выпадал на субботу. Евреи и сегодня празднуют День Господень именно в этот день. Но со времен Нового Завета Днем Господним стало воскресенье. В Евангелии от Иоанна, 1:17, говорится: *«Ибо закон дан чрез Моисея, благодать [же] и истина произошли чрез Иисуса Христа».* А в Евангелии от Матфея, 12:8, мы читаем: *«Ибо Сын Человеческий есть господин и субботы».* Именно так и произошло.

Почему же день покоя, Суббота, был перенесен на Воскресенье? Потому что Воскресенье – это именно тот день, когда все человечество может обрести истинный покой через Иисуса Христа.

Из-за непослушания первого человека, Адама, все человечество оказалось в рабстве греха, и они не могли иметь истинного покоя. Человек должен был питаться в поте лица своего, испытывать слезы горечи, страдать от болезней и смерти. Потому и Иисус пришел в этот мир во плоти и был распят за нас, дабы заплатить за грехи всего человечества. Он умер и воскрес в третий день, победив смерть и став первенцем Воскресения.

Итак, Иисус разрешил проблему греха и даровал истинную Субботу, то есть покой, всему человечеству - рано утром, на рассвете, в Воскресенье, в первый день после субботы. По этой причине, в Новозаветное время ветхозаветная Суббота перенесена на Воскресенье, на тот день, когда Иисус Христос открыл путь к спасению всего человечества.

Иисус Христос, Господин Субботы

Ученики Господа нашего также установили празднование Воскресенья вместо Субботы, понимая духовное значение Субботнего дня. В Деяниях, 20:7, сказано: *«В первый же день недели, когда ученики собрались для преломления хлеба»*. И в Первом послании к Коринфянам, 16:2, мы находим: *«В первый день недели каждый из вас пусть отлагает у себя и сберегает, сколько позволит ему состояние, чтобы не делать сборов, когда я приду»*.

Бог заранее знал, что День субботнего отдыха будет перенесен на Воскресенье, и ещё в Ветхом Завете можно найти подтверждение этому в Его словах, обращенных к Моисею: *«Объяви сынам Израилевым и скажи им: когда придете в землю, которую Я даю вам, и будете жать на ней жатву, то принесите первый сноп жатвы вашей к священнику.Он вознесет этот сноп пред ГОСПОДОМ, чтобы вам приобрести благоволение; на другой день праздника вознесет его священник. И в день возношения снопа принесите во всесожжение ГОСПОДУ агнца однолетнего, без порока»* (Левит, 23:10-12).

Бог говорил Израильтянам, что, когда они придут в землю Ханаанскую, они должны пожертвовать первый сноп жатвы на следующий день после Субботы. Первый сноп жатвы символизирует Господа, который стал первенцем Воскресения. И однолетний агнец без порока также указывает на Иисуса Христа, Агнца Божьего.

Эти стихи показывают, что в Воскресенье, на следующий после Субботы день, Иисус, ставший мирной жертвой и первенцем Воскресения, дарует Воскресение и истинную Субботу, то есть покой, всякому верующему в Него.

Поэтому именно Воскресенье - день, в который воскрес Иисус Христос, стал днем истинной радости и благодарения; он стал днем, когда явилась новая жизнь и открылся путь к спасению, днем, когда, наконец, свершилась истинная Суббота.

«Помни день субботний, чтобы святить его»

Почему же Бог освятил День субботний и заповедал святить его Своему народу?

Бог установил Субботу, чтобы мы всегда помнили о духовных вещах, даже если нам приходится жить в плотском мире. Он не хочет, чтобы преходящие вещи этого мира были нашим единственным упованием. Он хочет, чтобы мы помнили Господина и Создателя Вселенной и уповали на истинную и вечную Субботу Его Царства.

В Книге Исхода, 20:9-10, сказано: *«Шесть дней работай и делай всякие дела твои, а день седьмой — суббота ГОСПОДУ, Богу твоему: не делай в оный никакого дела ни ты, ни сын твой, ни дочь твоя, ни раб твой, ни рабыня твоя, ни скот твой, ни пришелец, который в жилищах твоих».* Это значит, что никому не следует работать в День субботний, включая вас самих, ваших слуг, домашних животных и гостей вашего дома.

По этой причине, ортодоксальным иудеям не разрешается в Субботу готовить пищу, двигать тяжелые предметы или путешествовать на большие расстояния. Все эти действия трактуются как работа и, соответственно, нарушают предписание о Субботнем отдыхе. Однако все эти ограничения домысливались людьми и передавались от старшего поколения младшему; поэтому они не являются Божьими правилами.

Например, когда иудеи искали причину, чтобы обвинить Иисуса, то, увидев человека с сухой рукой, они спросили Его: *«Можно ли исцелять в субботы?».* Они считали, что даже исцеление человека может трактоваться как труд и значит не должно происходить в Субботу.

На это Иисус ответил им: «*Кто из вас, имея одну овцу, если она в субботу упадет в яму, не возьмет ее и не вытащит? Сколько же лучше человек овцы! Итак, можно в субботы делать добро*» (От Матфея, 12:11-12).

Соблюдать Субботу, о которой говорит Бог, не значит просто воздерживаться от любой работы. Когда неверующие воздерживаются от работы и остаются дома или идут развлекаться, то это физический отдых от работы. Но это не означает, что они соблюдают Субботу, так как такой отдых не дает нам истинной жизни. Нам следует сначала осознать духовный смысл Субботы, чтобы святить этот День так, как это угодно Богу, и чтобы снискать тем самым Его благословения.

Бог хочет, чтобы в этот день мы отдыхали духовно, а не физически. Пророк Исайя (58:13-14) объясняет, что в День субботний люди должны перестать поступать по своим прихотям, идти своими путями, пустословить и наслаждаться радостями этого мира. Вместо всего этого они должны святить этот День.

В День субботний не следует отдаваться заботам этого мира. Нужно идти в церковь, которая есть тело Христово, принимать хлеб жизни, которым является Слово Божье, поклоняться Господу в молитве и восхвалении, обретать духовный покой в Господе. Посредством общения верующие должны делиться Божьей благодатью и помогать друг другу возрастать в вере. Когда мы таким образом обретаем духовный покой, Бог взращивает нашу веру и дает процветание нашим душам.

Так что же именно нужно делать, чтобы хранить Субботу святой?

Во-первых, мы должны возжелать благословений Субботы и приготовить себя, став чистыми сосудами

День субботний был установлен Богом как Святой День, и в этот радостный день мы можем получить благословения от Бога. В Исходе, 20:11, говорится: «... *посему благословил ГОСПОДЬ день субботний и освятил его*». А пророк Исайя говорит (58:13): «...*будешь называть субботу отрадою, святым днем ГОСПОДНИМ, чествуемым, и почтишь ее ....*».

Даже сегодня, празднуя Субботу, иудеи, как и во времена Ветхого Завета, готовятся к этому дню заранее. Они загодя готовят пищу, а если им приходится работать вдали от дома, то стараются вернуться не позднее вечера пятницы.

Мы также должны приготовить наши сердца к Воскресенью заранее. Каждую неделю мы должны бодрствовать в молитве перед днем Воскресным и жить в истине во всякое время, чтобы не возводить греховные барьеры между собой и Богом.

Святить День субботний не означает посвящать Богу только один этот день. Это значит жить в течение всей недели по Слову Божьему. Поэтому, если мы совершили что-либо неприемлемое в очах Божьих, мы должны покаяться и приготовиться к Воскресенью с чистым сердцем.

В Воскресенье мы должны приходить на богослужение с благодарным сердцем - с сердцем, полным ожидания и радости, как у невесты, ждущей своего жениха. С таким же отношением мы должны приготовить себя и внешне, приняв душ, посетив салон красоты или парикмахера, чтобы прийти в храм опрятными и ухоженными.

Возможно, мы также захотим сделать уборку в доме. И еще: нам надо заранее подобрать чистую и опрятную одежду, в которой мы пойдем в церковь. Вечером в субботу не следует загружать себя какими-либо мирскими делами, которые придется завершать в Воскресенье. Нужно воздерживаться от любых занятий, которые могут помешать вам поклоняться Богу в День воскресный. А также будем на страже своих сердец, оберегая себя от гнева, раздражения, всякого расстройства, чтобы мы смогли прославить Бога в духе и истине.

Итак, с сердцем, радостным и любящим, будем

предвкушать Воскресенье и готовить себя как сосуды, достойные принять Божью благодать. Это позволит нам испытать духовную Субботу в Господе.

Во-вторых, мы должны отдавать Богу весь Воскресный день

Даже среди верующих есть люди, которые, посвящая Богу только одно утреннее воскресное служение, пропускают вечернюю службу. Они не идут вечером на богослужение, потому что хотят отдохнуть, развлечься или заняться каким-либо делом. Но если мы действительно хотим соблюсти Субботу с богобоязненным сердцем, мы должны святить весь этот День. Когда мы пропускаем вечернее богослужение, чтобы заняться своими делами, мы таким образом следуем плотским желаниям нашего сердца и устремляемся к мирским целям.

С таким отношением очень легко начать мысленно отвлекаться и во время утреннего богослужения. Тогда, даже придя в церковь, мы не сможем по-настоящему прославить Бога. Во время служения наш разум будет прокручивать разные посторонние мысли. Например: «Я пойду домой и отдохну сразу после окончания служения», или: «Как здорово было бы встретиться с друзьями после служения!», или: «Мне нужно торопиться и открыть свой магазин, как только все это закончится». Подобные мысли будут постоянно одолевать нас, и мы не сможем сосредоточиться на Слове Божьем, а возможно, даже почувствуем себя сонными и усталыми во время служения.

Конечно, вновь уверовавшие, чья вера ещё не окрепла, легко отвлекаются от богослужения и из-за физической усталости могут ощущать сонливость. Но Бог будет милостив к ним, так как Он знает меру веры каждого и проникает взором внутрь каждого сердца. Однако, когда постоянно отвлекается и засыпает во время служения человек, имеющий достаточную меру веры, то это является неуважением к Богу.

Соблюдать Субботу не означает просто находиться внутри храма по Воскресеньям. Это означает сосредоточить свое внимание и свое сердце на Боге. Только если мы поклоняемся Богу должным образом, в духе и истине, весь Воскресный день, только тогда Он радостно примет приятное благоухание, исходящее от наших сердец во время поклонения.

Для хранения Дня субботнего не менее важно обратить внимание на то, как мы проводим те часы Воскресного дня, когда мы не находимся в церкви. Нам не следует думать, что если мы посетили богослужение, то мы уже исполнили все, что положено. После служения нам нужно пообщаться с другими верующими, послужить Богу, помогая убраться в церкви, помочь разъехаться машинам на церковной стоянке или совершить иное добровольное служение в церкви.

Ближе к вечеру, когда мы отправляемся домой отдохнуть, нам следует воздерживаться от занятий, единственная цель которых - развлечение и удовольствие. Вместо этого нам следует размышлять над Словом, которое мы услышали в этот день, провести время с семьей, делясь с ней словами о Божьей благодати и истине. Лучше всего не включать в этот день телевизор, но если мы и смотрим его, то следует избегать передач, провоцирующих похотливые желания и разжигающих страсть к мирским удовольствиям. Лучше переключиться на полезные и целомудренные программы, а ещё предпочтительней – на передачи, посвященные вере.

Когда мы показываем Богу, что изо всех сил стараемся угодить Ему, даже с тем малым, что у нас есть, то Бог, смотрящий внутрь каждого сердца, примет наше поклонение с радостью, наполнит нас полнотой Духа Святого и благословит нас, чтобы мы обрели истинный покой.

В-третьих, мы не должны делать мирскую работу в этот день.

Неемия, будучи наместником в Израиле при царе Персии Артаксерксе, понимая волю Божью, не только восстановил стены Иерусалима, но и настаивал на том, чтобы народ свято соблюдал День субботний.

Поэтому он строго запретил работать или продавать что-либо в Субботу и даже изгонял тех, кто спал за городскими стенами, в ожидании начать свои дела на следующий, после Субботы, день.

В своей книге Неемия так предупреждает народ (13:17-18): *«Зачем вы делаете такое зло и оскверняете день субботний? Не так ли поступали отцы ваши, и за то Бог наш навел на нас и на город этот все это бедствие?»*. Неемия говорит здесь, что любой труд, совершаемый в Субботу, нарушает субботний покой и влечет за собой гнев Господень.

Всякий, нарушающий Субботу, не признаёт Божьей власти и не верит Его обетованию благословить тех, кто святит День субботний. Поэтому справедливый Бог не сможет защитить таких людей и на их головы непременно обрушатся несчастья.

Бог повелевает нам делать то же самое и сегодня. Он говорит нам, чтобы мы усердно трудились шесть дней, но седьмой день посвятили отдыху. И если мы помним о Субботнем дне и святим его, Бог даст нам больше того, что мы могли бы заработать, работая в седьмой день; к тому же, Он благословит нас так, чтобы житницы наши наполнились до избытка.

Если вы просмотрите 16-ю главу Исхода, то увидите, что, в то время как Бог посылал Израильтянам манну небесную во всякий день, в шестой день он посылал манны вдвое больше, чем в обычные дни, чтобы люди могли приготовиться к Субботнему дню. Были среди Израильтян и такие, которые из эгоистических соображений искали манну и в Субботу, но вернулись ни с чем.

Тот же духовный закон относится к нам и сегодня. Если кто-то из детей Божьих не святит Субботу и решает работать в День субботний, то он, возможно, и получит кратковременную выгоду, но в конце концов, по той или иной причине, потерпит урон.

Истина в том, что, даже если нам кажется, что мы получаем прибыль без Божьей защиты, нас непременно ожидает непредвиденное препятствие. Например, может произойти несчастный случай, вы можете заболеть и так далее. В конечном итоге, потери будут намного больше, чем прибыль.

И наоборот, если мы соблюдаем Субботу и святим этот день, Бог будет охранять нас в течение всей оставшейся недели и приведет нас к процветанию. Дух Святой будет охранять вас огненной стеной и оберегать от болезней. Он благословит и вас, и ваш бизнес, и ваше рабочее место, и любое другое место, куда бы вы ни пошли.

По этой причине Бог включил это повеление о Субботе в Десять Заповедей. Он даже установил серьезное наказание – побивать камнями всякого, работающего в Субботу, чтобы народ его помнил, не забывал о важности Субботнего дня и не сошел на путь, ведущий к вечной смерти (Числа, глава 15-я).

С того дня, как я посвятил свою жизнь Христу, я решил всегда помнить о Дне субботнем и святить его. До того как я открыл нашу церковь, у меня был книжный магазин. По воскресеньям приходило много людей, чтобы взять почитать книги или вернуть их обратно. И каждый раз, когда это происходило, я говорил: «Сегодня День Господень, поэтому магазин закрыт», и я не работал в этот день. Но вместо того чтобы понести убыток, мы получали такие обильные благословения от Бога в течение шести рабочих дней, что нам уже никогда не надо было даже думать о том, чтобы работать в Воскресенье.

В каких случаях позволительно работать или вести свой бизнес в День субботний?

Если мы обратимся к Библии, то увидим, что в некоторых случаях работать и вести своё дело в Субботу дозволялось. Есть случаи, когда необходимо потрудиться на ниве Божьей, совершать добрые дела, такие, как спасение человеческих жизней.

В Евангелии от Матфея, 12:5-8, сказано: *«Или не читали ли вы в законе, что в субботы священники в храме нарушают субботу, однако невиновны? Но говорю вам, что здесь Тот, Кто больше храма; если бы вы знали, что значит: "милости хочу, а не жертвы", то не осудили бы невиновных, ибо Сын Человеческий есть господин и субботы».*

Когда священники закалывали животных во всесожжение Господу в День субботний, это не считалось работой. Итак, любая работа, сделанная для Господа в День Господень, не является нарушением Субботы, так как Он есть Господин Субботы.

Например, если церковь хочет приготовить обед для хора и учителей, которые много трудились в церкви весь день, но при церкви нет условий для приготовления еды, нет кафетерия, то вполне позволительно купить еду для них в другом месте. Ибо Иисус Христос есть Господин Субботы, и еда, которую мы в данном случае покупаем, послужит делу Божьему. Хотя, конечно, все-таки будет лучше, если еду приготовят в пределах церкви.

Когда по Воскресеньям в церкви работает книжный магазин, это не оскверняет Субботу, так как книги, которые продаются в таких магазинах, это не мирские товары, но книги, дающие жизнь верующим в Господа. Сюда входят

Библия, сборники гимнов, записи проповедей и другие товары, относящиеся к церкви. Также разрешены автоматы с едой и столовые в пределах церкви, так как они помогают верующим в храме в День субботний. Доход от таких продаж используется для поддержания миссионерского служения и благотворительных организаций, поэтому такой доход отличается от дохода в мирских местах, за пределами церкви.

Бог также не считает нарушением Субботы такие занятия, как военная служба, работа полиции, больниц и тому подобных мест. В этих случаях человек трудится, чтобы защитить и спасти жизни людей, и творит добрые дела. Но даже если эта ситуация и относится к вам, все равно необходимо постараться сосредоточиться на Боге, пусть даже только в сердце своем. В сердце своем нам следует иметь желание попросить у вышестоящего начальства о возможности переноса выходного дня на воскресенье, чтобы, если это возможно, святить День субботний.

А как насчет тех верующих, которые устраивают свадьбы в Воскресенье? Если они утверждают, что верят в Бога, и, тем не менее, устраивают свадебную церемонию в День Господень, то тем самым они показывают крайнюю незрелость своей веры. Но если они все же решат устроить свадьбу в воскресенье, но никто из их церкви не придет на

торжество, это может оскорбить их, и они пошатнутся в
вере своей. В этом случае члены церкви могут посетить их
свадьбу после воскресного богослужения.

Так следует поступить, чтобы проявить уважение к тем,
кто вступает в брак, и избежать обид и умаления веры в их
сердцах. Однако оставаться после свадебной церемонии
и на торжественный прием, который устраивается для
развлечения гостей, недопустимо.

Кроме тех случаев, по части соблюдения Субботнего
дня, которые мы уже разобрали, могут возникнуть и
другие вопросы. Но когда мы начнем понимать Божье
сердце, мы легко найдем ответы на все вопросы. Когда мы
очищаем свое сердце от зла, тогда мы можем прославить
Бога всем своим сердцем. Мы можем поступать по закону
искренней любви к душам людей, не осуждая их по
правилам, придуманным людьми, как это делали садуккеи
и фарисеи. Мы сможем наслаждаться истинной Субботой,
не оскверняя День Господень. Тогда мы познаем Божью
волю во всякой ситуации, Дух Святой укажет нам, как
поступить, и мы всегда сможем наслаждаться свободой,
живя в истине.

Бог есть Любовь, поэтому, если дети Его повинуются
заповедям Его и делают угодное в очах Его, Он даст им,
чего бы они ни попросили (1-е посл. Иоанна, 3:21-22).
Он не только ниспошлет нам свою благодать, но также

благословит нас, дабы мы процветали и были успешными во всех областях своей жизни. И в конце нашей жизни он приведет нас в лучшую обитель на Небесах.

Он приготовил для нас Небеса, чтобы мы могли навечно разделить с нашим Господом любовь и счастье на Небесах, подобно тому, как делят любовь и счастье жених с невестой. Это и есть истинная Суббота, которую приготовил для нас Господь. Я молюсь, чтобы, помня, соблюдая День субботний и освящая его, вы укреплялись в вере и чтобы вера ваша возрастала с каждым днем.

«Почитай отца твоего и мать твою»

Исход, 20:12

«*Почитай отца твоего и мать твою, чтобы продлились дни твои на земле, которую ГОСПОДЬ, Бог твой, дает тебе*».

Одной холодной зимой, когда улицы Кореи были заполнены страдающими людьми, бегущими от ужасов Корейской войны, у одной женщины должны были начаться роды. Ей еще нужно было пройти много миль до места, куда она направлялась, но поскольку ее схватки становились все более сильными и частыми, она забралась под заброшенный мост, и одна, лежа на холодной, промерзлой земле, страдая от родовых мук, дала жизнь своему ребенку. Она спеленала окровавленное тельце ребенка своей одеждой и положила его на грудь.

Несколько минут спустя, американский солдат проходил по этому мосту и услышал, как плачет ребенок. Он пошел в ту сторону, откуда был слышен плач, забрался под мост и обнаружил мертвую, раздетую и замерзшую женщину, сжимающую своего плачущего ребенка, завернутого в несколько слоев ее одежды. Подобно той женщине, многие родители любят своих детей и готовы пожертвовать своей жизнью ради них. Как вы думаете, насколько больше безоговорочная любовь Бога к нам?

«Почитай отца твоего и мать твою»

«Почитай отца твоего и мать твою» - это значит повиноваться воле родителей и служить им с искренним уважением и нежностью. Наши родители дали нам жизнь и воспитали нас. Если бы не было наших родителей - не было бы и нас. И если бы Бог не дал эту заповедь в числе других десяти, то люди с добрыми сердцами все равно почитали бы своих родителей.

Бог дает нам заповедь «почитай отца твоего и мать твою», так как Он желает, чтобы мы почитали своих родителей, согласно Его Слову, так, как об этом сказано в Послании к Ефесянам (6:1): *«Дети, повинуйтесь своим родителям в Господе, ибо сего [требует] справедливость».*

Но если в угоду своим родителям вы не повинуетесь Слову Божьему, это не есть истинное почитание своих родителей.

К примеру, в воскресенье вы уже собрались идти в церковь, как вдруг ваши родители говорят вам: «Не ходи сегодня в церковь, давай лучше проведем время вместе, всей семьей». Как вы поступите в этом случае? В этом случае повиноваться своим родителям не будет означать почтение к ним. Это - нарушение Дня Господня, что обречет вас и ваших родителей на вечную тьму.

Даже если вы, мысля по плоти, повинуетесь и преданно служите им, но, говоря духовно, вступаете на дорогу, ведущую в вечный ад, то как же вы можете сказать, что любите своих родителей? Прежде всего вам самому нужно научиться жить согласно воле Бога, а затем вы сможете изменить сердца родителей таким образом, чтобы вы все вместе пошли дорогой, ведущей на Небо. Вот это и есть истинное почитание родителей.

Во 2-ой книге Паралипоменон, 15:16, сказано: *«И Мааху, мать свою, царь Аса лишил царского достоинства за то, что она сделала истукан для дубравы. И ниспроверг Аса истукана ее, и изрубил в куски, и сжег на долине Кедрона».*

Если царица целого народа поклоняется идолам, то она становится врагом Бога и заслуживает вечного осуждения. Но, кроме этого, она подвергает опасности и своих подданных, заставляя их участвовать в поклонении идолам и тем самым обрекая их на вечное осуждение вместе с ней.

И несмотря на то, что Мааха была его матерью, царь Аса не стал угождать и подчиняться ей, а вместо этого лишил ее царского титула, чтобы она смогла покаяться в своем грехе перед Богом и чтобы народ ее пробудился и сделал бы то же самое.

Но лишив свою мать царственного положения, царь Аса не перестал выполнять свой сыновний долг. Так как он любил ее, он продолжал с почтением относиться к своей матери.

Чтобы можно было сказать, что мы истинно чтим своих родителей, мы должны в первую очередь помочь своим неверующим родителям получить спасение и указать им путь на Небо. Но если родители уже верующие, то мы должны помочь им войти в лучшие обители на Небесах. В то же время, пока мы живем на земле, мы должны служить и угождать им в соответствии со Словом Божьим.

Бог есть Отец нашего духа

«Почитай отца твоего и мать твою» - в конечном счете означает то же самое, что почитать Бога и повиноваться Божьим заповедям. Тот, чье почтение к Богу исходит из глубины сердца, соответственно, будет почитать и своих родителей. И если кто-то искренне служит своим родителям, то он будет искренне служить и Богу. Но истина такова: если придется выбирать, то Бог всегда должен быть на первом месте.

Например, во многих культурах сыновья беспрекословно слушаются своих родителей. Если отец говорит сыну: «Пойдем на восток», сын, повинуясь ему, идет на восток. Но если в то же самое время дедушка скажет: «Нет, не ходите на восток. Идите на запад», то будет более правильным, если сын скажет отцу: «Дедушка сказал мне идти на запад» - и пойдет на запад.

Если отец искренно почитает своего отца, то он не разгневается на то, что сын послушался дедушку, а не его. Этот акт повиновения старшему поколению имеет отношение и к нашим взаимоотношениям с Богом.

Бог есть Тот, Кто создал и дал жизнь нашим отцам, дедам, прадедам и всем нашим предкам. Человек сотворен путем слияния спермы и яйцеклетки. Но только Бог дает человеку основное семя жизни.

Наши видимые тела - это не что иное, как временные палатки, которыми мы пользуемся, живя на этой земле. После Бога нашим истинным хозяином является наш дух. Неважно, каким умным и образованным может быть человечество, но никто не сможет клонировать человеческий дух. Даже если люди и могут клонировать клетки и воссоздавать форму человека, все же, пока Бог не вселит дух в эту форму, мы не можем называть ее человеком.

Итак, Бог является истинным Отцом нашего духа. Зная это, мы должны всеми силами служить своим физическим родителям и уважать их. Но еще больше мы должны любить и почитать Бога, Который и является Тем, Кто создал нас и даровал нам жизнь.

Родители, которые понимают это, никогда не скажут: «Я дал моему ребенку жизнь и могу с ним делать все, что захочу». В Псалме, 126:3, мы читаем: *Вот наследие от ГОСПОДА: дети; награда от Него - плод чрева».

Верующие родители считают, что дети даны им Богом, это драгоценный дар, который нужно лелеять и воспитывать не по своей воле, а согласно воле Божьей.

Как почитать Бога, Отца нашего духа

Что же нужно делать, чтобы почитать Отца нашего духа? Если вы почитаете своих родителей, то вы будете стараться радовать и утешать их сердца. Таким же образом, если вы хотите выразить почтение Богу, то вы будете любить Его и повиноваться Его заповедям.

Как написано в Первом послании Иоанна (5:3): *«Ибо это есть любовь к Богу, чтобы мы соблюдали заповеди Его; и заповеди Его не тяжки».*

Если мы любим Бога, то исполнение его заповедей должно приносить нам радость.

Заповеди Божьи - это слова, записанные в 66-ти книгах Библии. Такими повелениями, как «люби, прощай, твори мир, служи, молись» и т.д., Господь призывает нас к действию. Но есть в Библии и другие слова, которые, напротив, не велят нам делать что-либо, к примеру, ненавидеть, судить, быть тщеславными и т. д. Есть также слова, призывающие нас очиститься от всякого греха, то есть от чего-то полностью отказаться, а есть и такие слова, как «соблюдай Субботу - День Господень», когда Бог велит нам неукоснительно придерживаться определенных правил.

Если мы живем по законам Библии и стараемся стать благоуханием, приятным для Бога, чем и должен быть христианин, то только тогда мы можем сказать, что мы чтим Бога Отца.

Легко можно заметить, что любящие Бога любят и своих физических родителей. Потому как закон о почитании своих родителей и любви к своим братьям уже был включен в Божьи заповеди.

Не относитесь ли вы, случайно, к категории людей, которые утверждают, что любят Бога, стараются изо всех сил трудиться для Него в церкви, но при этом дома пренебрегают и не заботятся о своих родителях? Не стараетесь ли вы показать себя перед братьями и сестрами в церкви скромными, любезными, а приходя домой, иногда становитесь грубыми и оскорбляете членов своей семьи? Расстраиваете ли вы родителей, показывая своими действиями или словами, что их мнение для вас ничего не значит.

Конечно, бывает, что вы расходитесь с родителями во взглядах по тому или иному вопросу из-за принадлежности к разным поколениям, из-за разницы в образовании или культуре. Однако всегда и в первую очередь вы должны прислушиваться к мнению родителей и уважать их. Даже если вы в чем-то и правы, вам следует уступить родителям, если, конечно, их мнение не противоречит Библии.

Мы никогда не должны забывать, что наши матери и отцы дали нам жизнь, воспитали нас и очень многим пожертвовали из любви к нам. Некоторые люди говорят, что родители ничего не сделали для них, и поэтому их трудно уважать. Возможно, некоторые родители действительно пренебрегали своими обязанностями, но мы должны помнить, что почитание тех, кто дал нам жизнь, - это наша человеческая обязанность.

Если вы любите Бога, уважайте своих родителей

Любовь к Богу и уважение к своим родителям идут рука об руку. В Первом послании Иоанна, 4:20, сказано: *«Кто говорит: "я люблю Бога", а брата своего ненавидит, тот лжец: ибо не любящий брата своего, которого видит, как может любить Бога, Которого не видит?»*.

Если кто-то утверждает, что любит Бога, но не любит своих родителей и не живет в мире с братьями и сестрами, тот лицемерит и лжет. Именно за это Иисус укорял книжников и фарисеев, о чем мы читаем в Евангелии от Матфея, 15:4-9. Согласно традициям старцев, если люди делали приношения Богу, они уже не должны были беспокоиться о том, чтобы помочь своим родителям.

Но если кто-то говорит, что он отдает все Богу и поэтому не может ничем помочь родителям, то он не только нарушает заповедь Бога, где сказано почитать родителей, но еще и использует имя Бога для оправдания своих поступков. В таком случае становится ясно, что это исходит из злого сердца и от желания угодить самому себе за счет своих родителей. Всякий, кто любит и почитает Бога от всего сердца, также будет любить и почитать родителей.

Например, если у кого-то в прошлом была проблема в отношениях с родителями, то потом, придя к более глубокому пониманию любви Божьей, он начнет больше понимать и любить родителей тоже. Чем больше мы углубляемся в истину, отрекаемся от грехов и живем по Слову Божьему, тем больше наше сердце наполняется любовью, тем больше мы становимся способными любить и служить своим родителям.

Благословения, которые вы получаете, повинуясь пятой заповеди

Тем, кто любит Бога и почитает своих родителей, Бог дал Свое обетование. В Исходе, 20:12, говорится: *«Почитай отца твоего и мать твою, чтобы продлились дни твои на земле, которую ГОСПОДЬ, Бог твой, дает тебе».*

Здесь не имеется в виду, что, только почитая своих родителей, вы проживете долгую жизнь. Но здесь сказано, что чем больше вы будете чтить Бога и своих родителей в Его истине, тем больше Он будет благословлять вас процветанием и защитой во всех областях вашей жизни.

«Жить долго» означает, что Бог благословит вас, вашу семью, ваше рабочее место или бизнес от внезапных бедствий так, чтобы ваша жизнь была длинной и процветающей.

Руфь - женщина, о которой рассказывается в Ветхом Завете, получила такого рода благословения. Она была язычницей из земли Моав, и, глядя на обстоятельства ее жизни, можно сказать, что у нее была очень трудная жизнь. Руфь вышла замуж за иудея, который уехал из Израиля, когда там случился голод. И вскоре после брака он умирает, не оставив ей детей.

Ее свекор тоже умер, и в доме не осталось мужчин, способных поддержать семью. Единственными людьми, оставшимися в семье, были ее свекровь Ноеминь и вторая невестка Ноемини, Орфа. Когда ее свекровь решила вернуться в Иудею, Руфь незамедлительно решила последовать за ней.

Ноеминь пыталась убедить свою молодую невестку остаться и постараться начать новую, более счастливую жизнь. Но так и не смогла переубедить ее. Руфь хотела заботиться о своей престарелой, овдовевшей свекрови и поэтому последовала за ней в Иудею, в землю, совершенно для нее чужую. Невестка любила свою свекровь и хотела исполнить свой долг по отношению к ней. Она посвятила себя заботе о ней и готова была отказаться от собственного счастья.

Благодаря своей свекрови, Руфь уверовала в Бога Израиля. В первой главе Книги Руфь, с 16-го по 17-й стихи, мы можем прочитать об ее трогательном исповедании:

«Не принуждай меня оставить тебя и возвратиться от тебя; но куда ты пойдешь, туда и я пойду, и где ты жить будешь, там и я буду жить; народ твой будет моим народом, и твой Бог - моим Богом; и где ты умрешь, там и я умру и погребена буду; пусть то и то сделает мне ГОСПОДЬ, и еще больше сделает; смерть одна разлучит меня с тобою».

Несмотря на то, что Руфь была язычницей, Бог, услышав это признание, обильно благословил ее, и жизнь ее стала преуспевающей.

Согласно еврейскому обычаю, женщина могла вступить в повторный брак с одним из родственников ее умершего мужа. И Руфь смогла начать новую, счастливую жизнь с добрым мужем и рядом со своей свекровью, которую очень любила.

Вдобавок к этому, от ее потомков родился царь Давид, и Руфь имела честь войти в родословную нашего Спасителя Иисуса Христа. По обетованию Божьему, только потому, что она чтила своих родителей, Руфь получила обильные материальные и духовные благословения.

Подобно Руфи, мы должны прежде возлюбить Бога, затем почитать своих родителей в Божьей любви и таким образом получить все обещанные благословения, которые заключены в словах Бога - «чтобы продлились дни твои на земле».

Глава 7

— ❧❧ —

«Не убивай»

Исход, 20:13

«Не убивай».

Мне, как пастору, часто приходится общаться со многими членами церкви. Я встречаюсь с ними не только во время богослужений, но и тогда, когда они приходят ко мне помолиться или поделиться своими свидетельствами, или ищут духовной поддержки. Для того чтобы помочь им возрастать в вере, я часто задаю им вопрос: «Любите ли вы Бога?».

И многие уверенно отвечают: «Конечно, я люблю Бога!». Они говорят так, потому что еще не понимают, что, в духовном понимании, означает любить Бога. Тогда я цитирую им следующий стих, записанный в Первом послании Иоанна (5:3): *«Ибо это есть любовь к Богу, чтобы мы соблюдали заповеди Его»*, и затем объясняю им духовное значение понятия «любовь к Богу». После этого я повторяю свой вопрос, ответ на который звучит теперь не так уверенно.

Очень важно понимать духовный смысл Слова Божьего. То же относится и к Десяти Заповедям.

Так какое же духовное значение заключено в шестой заповеди?

«Не убивай»

В четвертой главе Бытия мы находим первый в истории человечества случай убийства. Сын Адама, Каин, убивает своего младшего брата Авеля. Отчего происходят подобные вещи?

Авель принес жертву и «призрел Господь на Авеля и на дар его». Каин также принес Богу жертву, которая ему самому казалась правильной и уместной. Когда Бог не принял его жертву, то, вместо того чтобы постараться понять свою ошибку, Каин позавидовал брату и его сердце наполнилось гневом и негодованием.

Бог видел сердце Каина и предупредил его, говоря: «... *у дверей грех лежит; он влечет тебя к себе, но ты господствуй над ним»* (Бытие, 4:7). Но как написано дальше в Бытии (4:8): *«И когда они были в поле, восстал Каин на Авеля, брата своего, и убил его».* Каин не смог контролировать гнев в своем сердце, и закончилось это тем, что он совершил непоправимый грех.

Из слов «и когда они были в поле» мы можем понять, что Каин дожидался, когда они с братом останутся в поле одни. Это значит, что он уже задумал в сердце своем убить брата и искал только удобного случая для этого. Убийство, совершенное Каином, не было случайным: это было результатом его неуправляемого гнева, который в какой-то момент воплотился в действие. Поэтому убийство, совершенное Каином, стало большим грехом.

После первого убийства, содеянного Каином, многочисленные убийства совершались на протяжении всей истории человечества. И сегодня в мире, полном греха, люди умирают от насильственной смерти ежедневно. Возраст преступников становится все более юным, а злодеяния, совершенные ими, все более изощренными. И самое страшное, что случаи, когда родители убивают своих детей или дети лишают жизни своих родителей, уже никого не шокируют.

Физическое убийство: лишение человека жизни

Закон делит убийства на две категории: преднамеренное убийство первой степени, когда человек лишает жизни другого с определенной целью, и неумышленное убийство второй степени, которое человек совершил без предварительного умысла. Умышленное убийство, совершенное из корысти, или случайное убийство из-за неосторожного вождения автомобиля – это все равно убийства. Однако мера наказания в каждом случае, в зависимости от ситуации, будет различной. Некоторые убийства и вовсе не считаются преступлением. Примером тому могут быть кровопролитие на поле битвы или смерть, ставшая следствием необходимой самообороны.

В Библии сказано: если человек убьет разбойника, проникшего ночью в его дом, то это не считается убийством, но если человек убьет грабителя, который проник в его жилище днем, то это считается превышением пределов необходимой обороны, и он должен понести наказание. Так было сказано, потому что несколько тысяч лет назад, во времена, когда Бог дал свой Закон, люди могли с легкостью поймать или отогнать разбойников с помощью других людей.

Проявление чрезмерной самозащиты, которая влечет за собой пролитие крови другого человека, Бог считает грехом, потому что Он запрещает пренебрегать правами человека и угрожать чьей-либо жизни. В этом проявляется справедливая и любящая сущность Бога (Исход, 22:2-3).

Самоубийство и аборт

Кроме вышеупомянутых видов убийств, существуют также случаи самоубийства. Самоубийство в очах Бога тоже считается убийством. Только Бог имеет власть над жизнью людей, и самоубийство – это акт отрицания этой власти. Поэтому самоубийство - большой грех перед Богом.

Люди совершают этот грех, потому что не верят в жизнь после смерти или не верят в существование Бога. Совершая грех неверия в Бога, они, кроме того, совершают грех убийства. Мы можем только представить себе, какое наказание ожидает их!

В настоящее время, отмеченное ростом пользователей интернета, существуют веб-сайты, призывающие людей к самоубийству. В Корее первой причиной смертности в возрасте сорока лет считается рак, а второй – самоубийство. Это уже становится серьезной социальной проблемой. Люди должны понять, что они не имеют власти оканчивать свою жизнь самостоятельно, и то, что они закончат свою жизнь на земле, не означает, что все их проблемы этим решатся.

Что Бог говорит об абортах? Истина в том, что жизнь ребенка в утробе матери находится во власти Бога, поэтому аборт также подпадает под категорию убийства.

В наше время, когда грех властвует над людьми, родители, которые прерывают беременность, даже не считают это грехом. Убийство само по себе является ужасным грехом, но как же велик грех родителей, лишающих жизни своего ребенка?!

Физическое убийство - это явный грех, поэтому для пресечения этого преступления каждая страна издает строгие законы. Убийство - это страшный грех перед Богом, поэтому враг дьявол посылает убийцам различного рода испытания и страдания.

И не только это: их ждет суровый приговор в загробной жизни. Поэтому никто и никогда не должен совершать грех убийства.

Духовное убийство, которое ранит наш дух и душу

Бог считает убийство грехом, но таким же ужасным и серьезным грехом Он считает духовное убийство. Кто же в действительности является духовным убийцей?

Во-первых, духовное убийство – это когда человек совершает то, что выходит за рамки истины, будь-то на словах или на деле, и что ведет к колебаниям в вере другого человека.

И если таким образом другой спотыкается в вере, то это значит, что мы нанесли вред духу человека, и теперь он отдаляется от Бога и Его истины.

Предположим, недавно обратившийся христианин подходит к одному из лидеров церкви за советом и говорит: «Как вы считаете, могу ли я пропустить служение в Воскресенье, чтобы сделать одно очень важное дело?». Если лидер ответит ему: «Хорошо, если это такое важное дело, я думаю, что можно и пропустить одно воскресное

служение», то он становится причиной того, что молодой
верующий отступается от Закона.

Скажем, бухгалтер церкви спросит: «Могу ли я
одолжить деньги из церковной кассы? Я верну их через
несколько дней». Лидер церкви ответит на это: «Если вы
вернете их, то это возможно». Таким образом этот лидер
учит тому, что противоречит Божьей воле, и также наносит
вред духу этого человека.

Или, предположим, лидер домашней группы говорит:
«Мы живем в очень занятом мире. Разве мы можем
чаще встречаться?». То есть он учит свою группу не
воспринимать церковные собрания всерьез, а это идет
вразрез с Божьей истиной, и в результате его братья
отдаляются от веры (Посл. к Евреям, 10:25). Как сказано в
Евангелии от Матфея (15:14): *Оставьте их: они - слепые
вожди слепых; а если слепой ведет слепого, то оба упадут
в яму»*.

Поэтому вводить других верующих в заблуждение,
допускать, чтобы они удалялись от Божьей истины, – всё
это виды духовного убийства.

Неверная информация может стать причиной
неожиданных несчастий и испытаний для человека.
Поэтому лидеры церкви, которые наставляют других
верующих, должны с дерзновением молиться пред Богом и

говорить только истину или переслать их вопросы другому лидеру, который может получить верные ответы от Господа и повести людей к возрастанию в вере в правильном направлении.

Кроме того, говоря то, что не следует, злословя кого-либо, мы тоже попадаем под определение духовных убийц. Осуждать или судить других, создавая сатанинское сборище, сплетнями своими порождать разделения между людьми - все это примеры провоцирования другого человека на ненависть или злые поступки.

Ещё хуже, когда люди распространяют слухи о служителях Божьих, о пасторах или о церкви. Такие слухи могут ввести многих людей в заблуждение, и, конечно, те, кто разносят эти слухи, предстанут перед судом Божьим.

В некоторых случаях мы видим, как зло в сердцах людей ранит их собственный дух. Примерами такого рода людей могут быть евреи, которые пытались убить Иисуса, несмотря на то, что Он творил истину, или Иуда Искариот, который продал Иисуса за тридцать сребреников.

Если кто-то смущен, видя слабость другого человека, то он должен признать, что и он тоже носит в себе зло. Иногда люди смотрят на новообращенного христианина, который не оставил еще свой прежний путь, и говорят: «И он называет себя христианином? Я не стану посещать церковь, если он там будет». Это и есть пример отступничества. И это пришло ни от кого-либо, а исходит из их собственного злого сердца, что и причиняет им самим великий вред.

Бывают случаи, когда человек отдаляется от Бога из-за разочарования в других людях, которых он считал сильными в вере, но которые в какой-то момент поступают не по истине. Этого не случилось бы и они не утратили бы своего спасения, если бы взирали на Господа Иисуса Христа, а не на людей.

Бывают случаи, когда люди поручаются за кого-то, кому они доверяют и уважают, но по той или иной причине дела начинают идти не так, как планировалось, и в результате этого поручитель оказывается в затруднительном положении. В таких случаях многие люди обижаются и разочаровываются. Когда происходит подобное, то это только доказывает, что вера у этого человека не была истинной и ему нужно раскаяться в своем непослушании. Их непослушание Богу заключается в том, что они не повиновались Ему, тогда как Он ясно говорит нам не поручаться за долги другого человека (Притчи, 22:26).

Если у нас чистое сердце и истинная вера, то, видя чьи-то слабости, мы будем молиться о нем с состраданием в сердце, ожидая, что он изменится к лучшему.

Кроме того, некоторые люди могут быть камнем

преткновения для самих себя, когда они обижаются на то, что было сказано в проповеди. Предположим, пастор проповедует на тему об определенном грехе, а некоторые люди думают: «Пастор говорит обо мне! Как он может делать это перед всем собранием!». Такие люди встают и уходят, хотя пастор во время проповеди даже не думал о них и тем более не называл их имен.

Некоторые люди жалуются, что в церкви слишком много внимания уделяют деньгам, особенно после проповеди пастора о десятине, где он говорит, что десятина принадлежит Богу, и Бог благословляет тех, кто жертвует десятину. И когда пастор свидетельствует о силе Божьей, о Его чудесах, то некоторые люди говорят: «Это ко мне не относится», и жалуются, что проповеди не соответствуют уровню их знаний и образования. Всё это примеры того, как через свои обиды люди могут стать камнем преткновения для самих себя.

В Евангелии от Матфея, 11:6, Иисус сказал: *«И блажен, кто не соблазнится о Мне»*. И в Евангелии от Иоанна, 11:10, написано: *«А кто ходит ночью, спотыкается, потому что нет света с ним»*. Человек, с чистым сердцем и ищущий правды Его, никогда не поколеблется и не отречется от Бога, так как Слово Его, которое есть Свет, пребывает в нем. Но если кто-то обижается, соблазняется - это лишь говорит о том, что он все еще живет во тьме.

Проявление обиды – это знак того, что человек или слаб в вере, или все еще носит тьму в своем сердце. Но человек, обижающий другого человека, тоже несет ответственность за свои действия. Даже если то, что мы хотим передать другому человеку, является абсолютной правдой, мы должны сделать это мудро, учитывая уровень веры принимающей стороны.

Если вы скажете новообращенному, который только что получил Духа Святого, нечто подобное: «Если вы хотите быть спасены, то оставьте курение и алкоголь», или: «Вам не следует открывать свой магазин по воскресеньям», или: «Если вы перестанете молиться, то этот грех встанет стеной между вами и Богом, поэтому вам лучше посещать церковь и ежедневно молиться», то это равносильно тому, что вы накормили грудного ребенка мясом, а не молоком. Даже если новообращенный христианин под давлением согласится с этим, он может подумать: «Ох, как трудно быть христианином». Это станет для него большим бременем, и рано или поздно он может отступиться от веры.

В Евангелии от Матфея, 18:7, сказано: *«Горе миру от соблазнов, ибо надобно придти соблазнам; но горе тому человеку, через которого соблазн приходит».*

Даже если вы сказали что-то во благо человеку, но это обидело его и даже оттолкнуло от Бога, то это считается

духовным убийством, и вы неизбежно предстанете перед
судом и понесете наказание за этот грех.

Если вы любите Бога и любите людей, то вы будете
контролировать каждое произнесенное вами слово, чтобы
все, что вы говорите, приносило благодать и благословение
слушающим вас.

Обучая истине, мы должны быть чуткими и обращать
внимание на то, чтобы не ранить словами другого человека,
не вызвать в нем чувство вины. Наоборот, наши слова
должны нести надежду и силу, чтобы знания об истине
применялись в жизни, чтобы все, кому вы служите, могли
идти славной дорогой жизни в Иисусе Христе.

Ненависть к братьям - один из видов духовного убийства

Второй вид духовного убийства - это ненависть к брату
или сестре во Христе.

В 1-ом послании Иоанна, 3:15, написано: *«Всякий,
ненавидящий брата своего, есть человекоубийца; а вы
знаете, что никакой человекоубийца не имеет жизни
вечной, в нем пребывающей»*.

Корнем убийства является ненависть. Вначале можно
ненавидеть человека в сердце своем. Однако, по мере
возрастания, ненависть выливается в злые поступки

относительно другого человека, и в конце концов она может заставить его совершить убийство. В случае с Каином все началось с того, что Каин возненавидел Авеля.

Поэтому в Евангелии от Матфея, 5:21-22, сказано: *«Вы слышали, что сказано древним: "не убивай; кто же убьет, подлежит суду". А Я говорю вам, что всякий, гневающийся на брата своего напрасно, подлежит суду; кто же скажет брату своему: "рака", подлежит синедриону; а кто скажет: "безумный", подлежит геенне огненной».*

Когда человек полон ненависти к кому-то, то его гнев может привести к открытому противостоянию. И если что-то хорошее происходит у человека, которого он ненавидит, это вызывает в нем зависть, осуждение, влечет за собой распространение слухов о слабостях этого человека. Он может обмануть его, причинить ему вред или стать его врагом. Ненависть и злые действия по отношению к другому человеку – это примеры духовного убийства.

Так как в Ветхозаветные времена Бог еще не послал на землю Духа Святого, то людям было трудно стать святыми и обрезать сердца свои. Но сегодня, в Новозаветное время, мы можем принять Духа Святого в сердце свое, и Дух Святой даст нам силу избавиться от нашей глубоко укоренившейся греховной природы.

Будучи одной из ипостасей Триединого Бога, Святой

Дух подобен матери, обращающей внимание на всякую деталь, которая наставляет нас о сердце Бога Отца. Святой Дух учит нас о грехе, праведности и суде, помогая нам таким образом жить в истине. Поэтому мы можем избавиться даже от помышлений о грехе.

Бог говорит нам, его детям, не только не совершать физического убийства, но и избавиться от корня ненависти в нашем сердце. Поэтому, только когда мы сможем избавить наше сердце от всего злого и нечистого и наполнить его любовью, мы сможем пребывать в любви Божьей и радоваться доказательствам Его любви к нам (1-е посл. Иоанна, 4:11-12).

Когда мы любим кого-то, мы не видим его недостатков. А если заметим его слабости, то, проявляя снисхождение, с надеждой в сердце будем поддерживать его, помогая ему измениться. Бог возлюбил нас такой любовью, что даровал нам спасение и Вечную жизнь, когда мы были ещё грешниками.

Итак, мы не только должны повиноваться Его заповеди «не убивай», но должны возлюбить всех людей и даже врагов наших Христовой любовью, получая взамен благословения от Бога. А когда закончится наш земной путь, мы сможем войти в самое прекрасное место на Небесах и вечно пребывать в Божьей любви.

Глава 8

«Не прелюбодействуй»

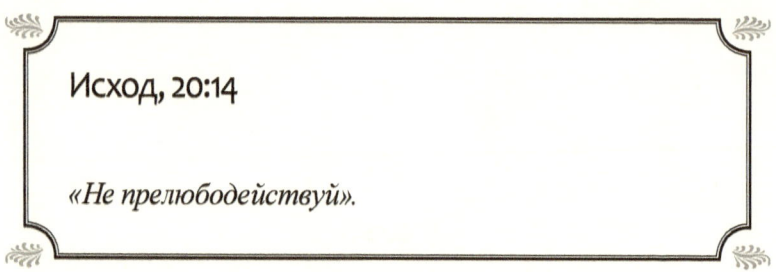

Исход, 20:14

«Не прелюбодействуй».

На юге Италии находится гора Везувий, которая время от времени превращается в дымящийся вулкан, однако жители Помпеи всегда считали, что именно он придает их городу особую красоту.

24 августа 79 года нашей эры, около полудня, земля начала сотрясаться все сильнее и сильнее, и вырвавшийся из Везувия столб дыма покрыл все небо над Помпеей. Из-за мощного взрыва вершина горы раскололась, и расплавленная порода и пепел дождем обрушились на землю.

В течение нескольких минут погибло бесчисленное множество людей, а оставшиеся в живых бежали к океану, спасая свои жизни. Но произошло худшее из того, что могло произойти. Внезапно усилился ветер, который дул в сторону океана.

Жители Помпеи, которые спаслись от извержения вулкана, прибежав к океану, задохнулись от настигших их жары и ядовитых газов.

Помпеи был городом порочным, полным разврата и идолопоклонства. И его последний день вызывает ассоциации с гибелью библейских городов Содома и Гоморры, которые Бог предал огню. Судьба этих городов - ясное напоминание о том, как сильно Бог ненавидит похоть сердца и идолопоклонство. Об этом однозначно сказано и в Десяти Заповедях.

«Не прелюбодействуй»

Прелюбодеяние - это сексуальная связь между мужчиной и женщиной, которые не являются супругами.

Раньше супружескую измену считали крайне безнравственным поступком. А как к этому относятся в наше время? С развитием компьютерной техники и интернета доступ к тому, что провоцирует похоть и у взрослых, и у детей, зависит буквально от нескольких движений пальцев.

Этику сексуальных отношений в современном мире считают пережитком прошлого, поэтому чувственные и непристойные изображения свободно показывают в передачах по телевидению, в кинофильмах и даже в детских мультфильмах. Оголенные тела – тенденция нынешней моды. И, как результат всего этого, многие имеют превратное представление о сексуальных отношениях.

Чтобы понять их истинный смысл, давайте изучим седьмую заповедь - «Не прелюбодействуй» - в трех разных аспектах.

Прелюбодеяние в действии

Человеческие представления о моральных ценностях сегодня намного порочнее, чем это было прежде.

Причем настолько, что супружеские измены в фильмах и телевизионных сериалах изображаются как разновидность страстной любви. И в наши дни незамужние женщины и неженатые мужчины с легкостью предаются греховной любви, а добрачный секс считается вполне нормальным. «Все в порядке, мы же в будущем собираемся пожениться», - говорят они. Даже женщины и мужчины, состоящие в браке, открыто заявляют, что имеют связи с людьми, которые не являются их супругами. И, что еще хуже, возраст людей, вступающих в половые отношения, становится все более и более юным.

Если вы посмотрите на законы, которые существовали во времена, когда Моисей получил Десять Заповедей, то увидите, что люди, которые совершали супружескую измену, строго наказывались. Бог особо подчеркивает неприемлемость прелюбодеяния и запрещает его, так как это - серьезный грех.

В Книге Левит, 20:10, сказано: *«Если кто будет прелюбодействовать с женою замужнею, если кто будет прелюбодействовать с женою ближнего своего, - да будут преданы смерти и прелюбодей и прелюбодейка».*

И во времена Нового Завета акт супружеской измены считается грехом, который, разрушая душу и тело, лишает человека спасения.

«Или не знаете, что неправедные Царства Божия не наследуют? Не обманывайтесь: ни блудники, ни

*идолослужители, ни прелюбодеи, ни малакии, ни
мужеложники, ни воры, ни лихоимцы, ни пьяницы,
ни злоречивые, ни хищники - Царства Божия не
наследуют» (1-е посл.к Коринфянам, 6:9-10).*

Если подобный грех, по невежеству своему, совершает
новообращенный верующий, который еще не знает истины,
то по милости Божьей он может получить возможность
покаяться в своих грехах. Но когда прелюбодействует
человек, духовно зрелый, знающий Божью истину, то ему
будет очень трудно получить дух покаяния.

В Книге Левит, 20:13-16, говорится о грехе совокупления
с животными и о грехе гомосексуализма. В наши дни и
в наш век, есть страны, которые официально признают
гомосексуальные связи, но всё это - мерзость в очах
Божьих. Некоторые люди могут сказать, дескать: «Времена
изменились». Но как бы ни менялись времена, Слово
Божье остается неизменным. Поэтому мы, дети Божьи, не
должны осквернять себя, следуя тенденциям этого мира.

Прелюбодеяние в мыслях

Когда Бог говорит о прелюбодеянии, Он говорит не
только об определенных поступках. Акт супружеской
измены– это явный пример прелюбодеяния, однако к нему

можно отнести также и наблюдение за действиями, которые относятся к категории аморальных, или представление их в своем воображении.

Похотливые мысли делают похотливым и сердце, что и означает прелюбодействовать в сердце своем. Даже если физически не совершается никаких действий, но мужчина посмотрел на женщину с вожделением, то это уже греховный поступок. Для Бога, видящего тайное, это то же самое, что и физическое прелюбодеяние.

В Евангелии от Матфея, 5:27-28, сказано: *«Вы слышали, что сказано древним: "не прелюбодействуй". А Я говорю вам, что всякий, кто смотрит на женщину с вожделением, уже прелюбодействовал с нею в сердце своем».*

Греховные мысли, которые селятся в сердце человека, со временем воплотятся в действия. Когда ненависть охватывает сердце человека, она заставляет его делать нечто такое, что обязательно причинит боль другому. После того как в сердце созреет гнев, злоба и проклятия неизбежно вырвутся наружу.

Подобным же образом и похотливые желания в сердце со временем могут перерасти в супружескую измену. И даже если не произошло физической измены, но сердце человека при этом полно греховных желаний, он уже совершает прелюбодеяние, потому что корень греха один и тот же.

Однажды, во время моего первого учебного года в семинарии, я услышал разговор двух пасторов, который меня просто шокировал. До этого времени я всегда с большим уважением относился к пасторам. В конце их довольно жаркого обсуждения темы прелюбодеяния, они пришли к выводу, что «если это не было преднамеренным, то прелюбодеяние в мыслях не является грехом».

Когда Бог заповедовал нам: «Не прелюбодействуй», Он знал, что мы можем пребывать в этом грехе, не так ли? Поскольку Иисус сказал: *«А Я говорю вам, что всякий, кто смотрит на женщину с вожделением, уже прелюбодействовал с нею в сердце своем»*, то мы должны гнать от себя эти вожделенные мысли. И к этому больше нечего добавить. Возможно, это трудно сделать самим, но, получив силу от Господа, с помощью поста и молитв, мы будем в состоянии избавиться от греховных желаний нашего сердца.

С терновым венцом на челе Иисус проливал Свою кровь, чтобы омыть наши грехи, которые мы совершаем в своих мыслях и своем сердце. Бог дал нам Духа Святого, который поможет нам избавиться от греховной сущности нашего сердца. Что же практически мы должны сделать для того, чтобы очистить свое сердце от вожделений?

Ступени, которые нужно пройти, чтобы очистить от похоти свое сердце

Предположим, что мимо вас проходит симпатичная девушка или красивый мужчина, и вы думаете: «Ох, какая она привлекательная», или: «Я бы хотел пойти с ней»; «Какой красивый мужчина», или: «Я хотела бы встречаться с этим молодым человеком». Не все люди посчитают такие мысли похотливыми или прелюбодейными. Однако если в эти слова вложен буквальный смысл, то есть их истинное значение, то это признак похоти. Чтобы избавиться даже от скрытых похотливых желаний, мы должны пройти определенный процесс борьбы с этим грехом.

Обычно, чем больше вы стараетесь не думать о чем-то, тем более навязчивой становится эта мысль. Если вы смотрите фильм, в котором мужчина и женщина ведут себя аморально, то увиденное не сразу стирается из вашей памяти. Эпизоды фильма вновь и вновь встают перед глазами. И чем большее впечатление они произвели, тем дольше ваша память будет хранить эти сцены.

Что же нужно делать, чтобы избавиться от похотливых помышлений? Прежде всего мы должны избегать определенных игр, журналов и всего того, что может ввести нас в искушение или спровоцировать подобные мысли. Но если они все же возникают в нашем сознании, мы должны научиться управлять ими. Предположим, у нас появилась греховная мысль. Мы не должны позволить ей развиваться, надо постараться перестать думать об этом.

Если вы, постоянно молясь и прося Бога о помощи, переключите свои мысли на мысли, истинные, похвальные и угодные Богу, то Он пошлет вам силу, чтобы побороть эти искушения. Если вы будете желать этого всем сердцем и молиться с усердием, то Божья благодать и сила снизойдут на вас, и с помощью Духа Святого вы сможете избавиться от этих греховных мыслей.

Нужно также помнить, что вы не должны останавливаться после двух или трех попыток. Продолжайте молиться с верой до победного конца. Это может занять месяц, год, а может, два или три года. Неважно, сколько времени это займет, вы должны постоянно молиться, уповая на Господа. И придет день, когда Господь даст вам Свою всепобеждающую силу, которая изгонит все соблазны и вожделенные мысли из вашего сердца раз и навсегда.

Как только вы пройдете эту ступень и будете в состоянии управлять своими греховными мыслями, вы войдете в следующую фазу, когда сможете контролировать свое сердце. На этом этапе, даже видя то, что вызывает похоть, вы сможете решительно сказать себе: «Я не буду думать об этом». И мысли о прелюбодеянии исчезнут, не оставив следа в вашем сознании. Мысли о прелюбодеянии проникают в сердце через смешение мыслей и чувств, и если вы научитесь контролировать ваши мысли, то у греха, который все-таки вошел в ваш разум, не будет шанса проникнуть в ваше сердце.

Затем наступит следующий этап, когда похотливые мысли вообще не будут возникать. Даже при виде того, что может пробудить вожделение, ваш разум не отреагирует, и поэтому похоть не сможет проникнуть в ваше сердце. И в конце концов вы подойдете к той стадии, когда вы даже умышленно не сможете вызвать в себе непристойные мысли.

Находясь в этой фазе, даже пожелав искусственно вызвать в себе похотливые мысли, вам не удастся сделать этого, так как этот грех был с корнем удален из вашего сердца. И если вы увидите что-либо провокационное, у вас не появятся порочные мысли или желания совершить грех. Это означает, что ничто нечистое и неугодное Богу не сможет проникнуть в ваше сознание.

Проходя через эти стадии очищения и избавления от этого греха, вам может показаться, что вы уже свободны от него, но это не так, и он еще может напомнить о себе.

Однако если вы будете доверять Божьему слову, стремиться к повиновению Его заповедям и захотите победить этот грех, то вы не остановитесь в своем хождении в вере. Это похоже на то, как чистится лук: за одним слоем шелухи появляется другой, и может показаться, что это будет длиться бесконечно. Но вскоре вы понимаете, что подошли к концу и очистили всю шелуху.

Уверенные в себе верующие не будут с разочарованием думать: «Я при всем своем старании никак не могу избавиться от этой греховной природы». Наоборот, они верят, что могут измениться до такой степени, что грех будет полностью побежден. И, думая об этом, они будут еще усердней сражаться. Если вы чувствуете, что еще не избавились от греховной природы, вы должны быть благодарны за шанс сделать это сегодня.

Находясь в процессе избавления от похоти плоти, не смущайтесь, если у вас вдруг, на какие-то секунды, появятся вожделенные мысли. Бог не сочтет это грехом прелюбодеяния. Но если вы живете с этими мыслями и позволяете им развиваться, то это будет считаться большим грехом. Если же вы покаетесь и приложите все усилия для того, чтобы достичь освящения, то Бог, по милости своей, даст вам силу победить этот грех.

Совершение духовного прелюбодеяния

Совершение физического прелюбодеяния рассматривается как плотский грех, но еще более серьезным грехом считается духовное прелюбодеяние, которое происходит, если человек, утверждая, что он христианин, в то же самое время любит мир больше, чем Бога. Задумайтесь над этим: основной причиной для совершения физического прелюбодеяния является любовь к плотским удовольствиям, которая превосходит по силе любовь к Богу.

В Послании к Колоссянам, 3:5-6, сказано: *«Итак, умертвите земные члены ваши: блуд, нечистоту, страсть, злую похоть и любостяжание, которое есть идолослужение, за которые гнев Божий грядет на сынов противления»*. Это означает, что, даже получив в дар Духа Святого, испытав в своей жизни чудеса Божьи и имея веру, мы не избавились от любостяжаний и злых похотей в нашем сердце и мы склонны любить мир и все мирское больше, чем Бога.

Изучая вторую заповедь, мы узнали, что духовный смысл идолопоклонства заключен в любви человека к чему-то еще, кроме Бога.

Каково же различие между духовным идолопоклонством и духовным прелюбодеянием?

Люди, не знающие Господа, создают идолов и начинают их боготворить. Поклонение идолам, в духовном понимании, означает незрелость верующих, которые любят мир и все, что в нем, больше Бога.

Некоторые вновь уверовавшие, чья вера еще не окрепла,

могут любить мир больше Бога. Они часто задают вопросы: «А действительно ли Бог существует?», «На самом ли деле есть рай и ад?». Если у них возникают такие сомнения, то им трудно будет жить по Писанию. Они любят деньги, славу или свои семьи больше, чем Бога, и таким образом совершают духовное идолопоклонство.

Но по мере того как они углубляются в Слово Божье, молятся и получают ответы на свои молитвы, они убеждаются в том, что Библия - это единственная истинная книга, и начинают верить всему, что в ней написано, в том числе и в существование ада и рая. Впоследствии Бог открывает им глаза еще шире, и они понимают, что должны в первую очередь возлюбить Бога. Но если они продолжат любить то, что принадлежит этому миру больше, чем Бога, значит они будут совершать духовное прелюбодеяние.

К примеру, мужчина, увидев женщину, подумал: «Я бы хотел жениться на ней». Однако эта женщина уже замужем. И так как у нее не было никаких отношений с этим мужчиной, мы не можем сказать, что она изменяет своему супругу. Но поскольку этот мужчина возжелал ее, то он превратил ее в идола своего сердца.

А когда молодые люди встречаются, признаются друг другу в любви и женятся, и потом, будучи уже замужем, женщина вступает в сексуальные отношения с другим мужчиной, то это считается нарушением супружеской верности или прелюбодеянием.

Из вышесказанного мы видим, что, хотя духовное идолопоклонство и духовное прелюбодеяние в чем-то и схожи, все же это два совершенно разных греха.

Отношения между израильтянами и Богом

Библия сравнивает взаимоотношения между израильтянами и Богом с взаимоотношениями между отцом и его детьми, а также между мужем и женой. Эти отношения походят на отношения пары, которая заключила завет любви. Однако, если вы посмотрите на историю Израиля, то увидите, что израильтяне много раз забывали об этом завете и поклонялись чужим богам.

Язычники занимались идолопоклонством, не зная Живого Бога. А вот израильтяне с самого начала очень хорошо знали Бога, однако стали поклоняться чужим богам из корыстных соображений.

Вот почему в 1-й книге Паралипоменон, 5:25, записано: *«Но когда они согрешили против Бога отцов своих и стали блудно ходить вслед богов народов той земли, которых изгнал Бог от лица их».* Что означает, что идолопоклонство израильтян было духовным идолопоклонством.

В Книге пророка Иеремии, 3:8, мы читаем: *«И Я видел, что, когда за все прелюбодейные действия отступницы, дочери Израиля, Я отпустил ее и дал ей разводное письмо, вероломная сестра ее, Иудея, не убоялась, а пошла и сама блудодействовала».* Результатом греха Соломона, во времена царствования его сына Ровоама, стало разделение Израиля на два царства: северное - Израиль и южное - Иудею. Вскоре после этого северное царство (Израиль) было отвергнуто Богом за прелюбодейные действия и поклонение идолам, и гнев Божий излился на них. Жители же южного царства (Иудеи), видя, что произошло с северным царством, вместо того чтобы покаяться, продолжали поклоняться своим идолам.

Сегодня, во времена Нового Завета, все дети Божьи являются невестами Иисуса Христа. Апостол Павел говорит, что он немало потрудился, для того чтобы подготовить верующих к грядущей встрече с Господом и представить их Жениху чистою девою (2-е посл. к Коринфянам, 11:2).

Поэтому, если верующие называют Господа своим Женихом, продолжая при этом любить мир и отдаляться от истины, они совершают духовное прелюбодеяние (Посл. Иакова, 4:4).

Предательство и физическая измена мужу или жене -

это большой грех, и его трудно простить. Насколько же страшнее грех предательства Господа Бога своего и грех духовного прелюбодеяния?

В 11-й главе книги Иеремии мы видим, как Бог просит Иеремию не молиться за Израиль, потому что они не прекратили творить духовное прелюбодеяние. И, продолжая, Он говорит, что, даже если они и воззовут к Нему, Он не будет их слушать.

Когда духовное прелюбодеяние достигает определенной черты, человек перестает слышать голос Духа Святого, и сколько бы он не взывал к Богу, его молитва останется без ответа. Чем больше человек отдаляется от Бога, тем больше он становится мирским, что приводит в итоге к совершению им тяжких грехов, в том числе физического прелюбодеяния, ведущих к смерти. Творя подобное, мы, как сказано в 6-й и 10-й главах Послания к Евреям, вновь и вновь распинаем Иисуса Христа и, таким образом, идем по пути, ведущему к погибели.

Итак, давайте избавляться от греха прелюбодеяния в своих сердцах, помыслах и телах и своим безупречным поведением стараться приобрести качества непорочной невесты Христовой, проводя благословенную жизнь и радуя сердце нашего Отца.

Глава 9

Восьмая заповедь

«Не кради»

Исход, 20:15

«Не кради».

Послушание Десяти Заповедям напрямую связано с нашим спасением и нашими возможностями преодолевать, побеждать и управлять силой врага, дьявола и сатаны. От послушания или непослушания Десяти Заповедям зависело: станут ли израильтяне избранным народом Божьим или нет?

Это относится и к нам, детям Божьим: наше спасение зависит от нашего повиновения или неповиновения Слову Божьему, так как именно эти качества и являются критерием нашей веры. Итак, исполнение Десяти Заповедей напрямую связано с нашим спасением, и эти заповеди, в свою очередь, связаны с излиянием Божьей любви и иных благословений на нас.

«Не кради»

В одной корейской пословице сказано: «Вор иглы становится вором коровы». То есть, когда кто-то, совершив мелкую кражу, остается безнаказанным и продолжает творить греховные поступки, тогда очень скоро он может совершить более серьезное преступление с негативными последствиями. Поэтому наш Господь предупреждает нас: «Не кради».

Сохранился отчет человека по имени Фу Чай, который

был одним из учеников Конфуция, а также комендантом Тан-фу в государстве Лу, во время Китайского периода Чуньцю («Весна и Осень») и периода Враждующих Царств. В это время распространился слух среди солдат, что соседнее государство Ци готовится к атаке, поэтому Фу Чай приказал крепко запереть ворота города.

Все это произошло, когда зерно на крестьянских полях поспело к жатве и наступило время сбора урожая. Горожане просили: «Прежде чем будут заперты ворота города, разреши нам собрать урожай с крестьянских полей до прихода врагов?».

Несмотря на все их просьбы, Фу Чай запер ворота. Люди стали негодовать, обвиняя его в сговоре с врагами. И, чтобы разобраться в ситуации, его вызвал к себе правитель. Когда тот стал допрашивать Фу Чая о причинах его поступка, Фу Чай ответил: «Конечно, для нас захват урожая врагами - большая потеря, но если наши люди привыкнут собирать урожай с поля, которое не принадлежит им, то избавиться от этой привычки будет трудно даже через десять лет». Этими словами Фу Чай приобрел себе большое уважение и восхищение правителя.

Фу Чай мог бы уступить просьбе людей и разрешить им собрать урожай, но если они научатся оправдывать воровство, то долговременные последствия этого поступка могут стать губительными как для самих людей, так и для всего королевства в будущем. Итак, присваивать себе что-либо нечестным путем и с сомнительными побуждениями, владеть тем, что вам не принадлежит, тайно манипулировать чужой собственностью - это и есть воровство.

Но «воровство», о котором говорит Бог, имеет более глубокое и широкое духовное толкование. Так что же еще включает в себя понятие «кража» в восьмой заповеди?

Физическое определение воровства: захват чужой собственности

Библия однозначно запрещает воровство, и это выделено в особый свод правил, где говорится о том, как поступать с человеком, совершившим кражу (Исход, 22).

Если украденное животное найдется живым во владениях вора, то он должен заплатить владельцу животного вдвое больше, чем он украл.

Если кто украдет животное и заколет его или продаст, он должен заплатить хозяину пять волов за вола и четыре овцы - за овцу.

Владение тем, что вам не принадлежит, независимо от ценности украденного, в любом обществе сочтется воровством и уголовным преступлением, за которое полагается соответствующее наказание.

Кроме очевидного воровства, есть случаи, когда люди

крадут по халатности. Допустим, в нашей повседневной жизни мы привыкли пользоваться чужими вещами, часто не спрашивая разрешения на это. Вполне возможно, что мы даже не чувствуем себя виноватыми, пользуясь чьими-то вещами без разрешения, хотя бы потому, что мы близко знакомы с этим человеком, или вещь, которую мы взяли, не представляет особой ценности.

Это те случаи, когда мы берем вещи нашей супруги или супруга без разрешения. И если подобная ситуация неизбежна, то, использовав чьи-то вещи без разрешения, мы тотчас должны вернуть их на место. Однако очень часто случается, что мы не возвращаем их вовсе.

Это не только причиняет кому-то ущерб, но также считается проявлением неуважения к этому человеку. Возможно, в глазах общества это и не будет расцениваться как серьезное преступление, но в очах Бога это будет считаться воровством. Человек с чистой совестью будет чувствовать себя виновным, если он возьмет что-то без разрешения, будь это даже что-то несущественное, ничего не стоящее.

Даже если мы не используем силу, для того чтобы украсть или взять что-то, но овладеваем чьей-то собственностью обманным путем, то это тоже считается воровством. Злоупотребление своим положением и властью для получения взятки тоже подпадает под категорию воровства. В Книге Исхода, 23:8, Бог предупреждает: *«Даров не принимай, ибо дары слепыми делают зрячих и превращают дело правых».*

Продавцы с добрым сердцем будут чувствовать себя виноватыми, завышая цену товара ради увеличения своего дохода. Даже несмотря на то, что они тайно никого не обворовывали, такие действия тоже будут считаться воровством, поскольку они берут за товар больше, чем он реально стоит.

Духовное воровство: красть то, что принадлежит Богу

Кроме слова «воровство», означающего присвоение себе того, что принадлежит другому человеку, есть еще и понятие «духовное воровство» -это когда мы берем что-либо, принадлежащее Богу. Этот грех может повлиять и на наше спасение.

Иуда Искариот, один из учеников Иисуса, заведовал всеми пожертвованиями, которые люди приносили Иисусу, получив исцеление и благословения от Него. Но со временем, корысть поселилась в сердце его, и он начал воровать деньги (От Иоанна, 12:6).

В 12-й главе Евангелия от Иоанна описывается, как во время посещения Иисусом дома Симона в Вифании к нему пришла женщина и отерла ноги его драгоценным миром. Увидев это, Иуда осудил ее, сказав, что миро можно было продать и раздать деньги бедным. Если бы она продала это дорогое миро, то он смог бы воспользоваться этими деньгами, так как заведовал денежным ящиком. Но так как миро было излито на ноги Иисуса, то он, естественно, воспринял это как бесполезную растрату.

В конце концов Иуда, ставший рабом денег, продал Иисуса за тридцать сребреников. У него была возможность наследовать славу имени ученика Христова, но вместо этого он крал у Бога и продал своего учителя, умножая грехи свои. К сожалению, он даже не смог получить духа покаяния, до того как совершил самоубийство, и закончил таким образом свою жалкую жизнь (Деяния, 1:18).

Поэтому стоит задуматься над тем, что может произойти, если мы крадем у Бога.

Ситуация первая: когда кто-либо налагает руку свою на церковную сокровищницу.

Если вор окажется неверующим, то, ограбив церковь, он неизбежно испытает страх в своем сердце. Если же верующий наложит руку свою на Божьи деньги, разве он сможет тогда сказать, что имеет веру для спасения?

Даже если люди никогда не узнают об этом, Бог видит все; в свое время Он совершит Свой справедливый суд, и вор заплатит за свой грех. Как ужасно, если вор не сможет покаяться и умрет, не получив спасения! После этого, как бы он не бил себя в грудь и не сожалел о поступках своих, будет слишком поздно. Ему не следовало и дотрагиваться до денег, принадлежащих Богу.

Ситуация вторая: когда кто-либо использует церковные деньги не по назначению и злоупотребляет ими.

Даже если человек не крадет деньги напрямую, но использует средства, полученные для поддержки миссионерских групп, или другие сборы для своих личных нужд, то такой человек крадет у Бога. Приобретение офисных принадлежностей, для личного использования, на церковные деньги также считается воровством.

Растрата церковных запасов, использование сдачи от покупки товаров для церкви на иные цели, использование церковного телефона, электричества, оборудования, мебели и иного имущества в личных целях – все это разные виды злоупотребления церковными деньгами.

Необходимо также убедиться, что наши дети ради развлечения не рвут и не мнут конверты для пожертвований, церковные издания или газеты. Кому-то такие вещи покажутся мелкими и незначительными, но на духовном уровне - это то же самое, что красть у Бога, и такие действия могут воздвигнуть стену греха между нами и Богом.

Ситуация третья: когда мы крадем десятины и пожертвования.

В Книге пророка Малахии говорится (3:8-9): *«Можно ли человеку обкрадывать Бога? А вы обкрадываете Меня. Скажете: "чем обкрадываем мы Тебя?". Десятиною и приношениями. Проклятием вы прокляты, потому что вы — весь народ — обкрадываете Меня».*

Десятина – это десятая часть всех доходов, посвященная Богу, как признание того, что Он является Господином всех материальных богатств и что Он контролирует наши жизни. Поэтому, если мы говорим, что верим в Бога, но не отдаем десятины, мы обкрадываем Его, и тогда проклятие может проникнуть в нашу жизнь. Это не значит, что Бог проклянет нас. Это значит, что, когда сатана уличит нас в грехе, Бог не сможет защитить нас, так как мы на самом деле нарушаем Божий духовный закон. И поэтому нас могут постигнуть финансовые проблемы, искушения, внезапные несчастья и болезни.

Но как сказано в Книге пророка Малахии (3:10): *«Принесите все десятины в дом хранилища, чтобы в доме Моем была пища, и хотя в этом испытайте Меня, говорит ГОСПРДЬ Саваоф: не открою ли Я для вас отверстий небесных и не излою ли на вас благословения до избытка?».* Когда мы отдаем десятину, мы можем получать обещанные нам Богом благословения и защиту.

Некоторые люди не получают защиты от Бога, так как не отдают десятину полностью. ни высчитывают десятую часть только с суммы, оставшейся после уплаты всех налогов и вычетов; они не учитывают иных доходов.

Но истинная десятина – это пожертвование Богу десятой части всего своего дохода. Побочные доходы, денежные подарки, приглашения на ужин в рестораны или иные дары – все это часть личного дохода. Поэтому нам следует высчитывать десятую часть, исходя из примерной стоимости этих подарков, и включать их в свою десятину.

Некоторые люди правильно рассчитывают десятину, но отдают ее Богу в виде пожертвований на миссионерскую деятельность или на другие благие цели. Но и это считается воровством у Бога, потому что это не настоящая десятина. Каким образом церковь распорядится пожертвованиями, зависит от финансового отдела церкви, а наше дело - отдавать свои десятины, обозначив их просто как «десятина».

Мы можем жертвовать Богу и иные средства в качестве благодарности. У детей Божьих есть много поводов для благодарности. Благодаря дару спасения, мы обрели Небеса; исполняя разные служения в церкви, мы пожнем небесную награду; и, живя здесь, на земле, мы получаем защиту и благословения от Бога во всякое время. Как же мы должны быть благодарны за это!

Поэтому каждое воскресенье мы приходим к Богу с различными пожертвованиями, благодаря Бога за Его защиту, которую Он явил нам в течение недели. А в дни библейских праздников или в тех случаях, когда у нас есть особенный повод поблагодарить Бога, мы готовим особое пожертвование и приносим его Богу.

Что касается наших отношений с другими людьми, то, когда кто-либо помогает нам или кто-то особым образом служит нам, мы не только испытываем сердечную благодарность, но и хотим в свою очередь что-то сделать для этого человека. Поэтому вполне естественно, если мы захотим предложить что-либо Богу в знак нашей благодарности за дарованное нам спасение и за то, что он приготовил для нас Небесные обители (От Матфея, 6:21).

Если кто- то скажет, что имеет веру, но скупо дает Господу, это означает, что такой человек слишком привязан к материальным вещам. И это показывает, что материальные блага он любит больше, чем Бога. Поэтому в

Евангелии от Матфея говорится (6:24): *«Никто не может служить двум господам: ибо или одного будет ненавидеть, а другого любить; или одному станет усердствовать, а о другом нерадеть. Не можете служить Богу и маммоне».*

Если мы, будучи зрелыми христианами, тем не менее, любим материальные блага больше, чем Бога, то существует опасность, что, вместо того чтобы возрастать в вере, мы отступимся от нее. Благодать, однажды полученная нами, останется всего лишь воспоминанием, все меньше будет причин благодарить Бога, и, незаметно для нас самих, увядание веры дойдет до такой степени, что наше спасение будет под вопросом.

Богу приятно благоухание наших пожертвований, исходящее от искренней благодарности и веры. У каждого своя мера веры, и Бог знает обстоятельства каждого человека. Он видит внутреннее сердце всех людей. И Ему важен не размер и не сумма пожертвований, которые мы приносим. Достаточно вспомнить, как Иисус похвалил вдову, которая отдала всего лишь две маленькие медные монеты, но это было все, что у нее оставалось (От Луки, 21:2-4).

Когда мы угождаем Богу, Он так одаривает нас, что причин для благодарности у нас будет так много, что те приношения, которые мы отдаем Ему, не будут идти ни в какое сравнение с теми благословениями, которые мы получим от Него. Бог сделает так, чтобы души наши преуспевали, и Он благословит нас так, что причин для благодарности будет в избытке. По сравнению с тем, что мы приносим Богу, Он благословляет нас в тридцать, шестьдесят и сто крат больше.

После того как я принял Христа и узнал, что мы должны отдавать Богу десятины и пожертвования, я немедленно стал исполнять эту заповедь. У меня было много долгов, которые я накопил в течение семи лет, когда был прикован к постели болезнью. Но я был настолько благодарен Богу за то, что он исцелил меня от моих немощей, что я всегда отдавал Ему столько, сколько мог. Мы едва могли выплачивать проценты по долгам, несмотря на то, что я и моя супруга работали. И, тем не менее, мы никогда не приходили на служение с пустыми руками.

Когда мы уверовали во Всемогущего Бога и исполняли Его Слово, Он помог нам расплатиться с огромным долгом за несколько месяцев. И со временем мы ощутили бесконечные Божьи благословения и смогли жить в достатке.

Ситуация четвертая: красть слова Божьи.

Красть слова Божьи - значит произносить ложное пророчество от имени Бога (Кн.пророка Иеремии, 23:30-32). Например, есть люди, которые крадут слова Божьи, говоря, что они слышали голос Божий; они говорят о будущем, как предсказатели, или указывают человеку, неудачливому в бизнесе: «Бог нарочно сделал так, чтобы ты разорился, так как Он хочет, чтобы ты стал пастором, а не бизнесменом».

То же самое можно сказать и о человеке, увидевшем сон или видение, основанное на собственных мечтах, но говорящем: «Бог послал мне этот сон», или: «Бог дал мне это видение». Это также подпадает под категорию употребления имени Божьего всуе.

Конечно же ничего нет плохого в том, чтобы понимать и провозглашать волю Божью через действия Духа Святого, но чтобы делать это правильно, мы должны удостовериться, что сердца наши угодны Богу. Ибо Бог не будет говорить с каждым человеком. Он будет говорить только с теми, у кого нет зла в сердце. Поэтому нужно убедиться, что, погружаясь в свои собственные мысли, мы не крадем слова Божьи.

И еще: если что-то сделав или взяв что-либо, мы ощущаем укоры совести, стыд или смущение, то это явный показатель того, что нам необходимо пересмотреть свои поступки. Может быть, мы совестимся оттого, что из корыстных побуждений взяли себе что-то, нам не принадлежащее, и опечалили Духа Святого внутри нас.

К примеру, даже если мы не крадем напрямую, но

получаем плату за небрежно сделанную работу или не исполняем со всей ответственностью служение в церкви, которое нам поручено, то, если у нас доброе сердце, мы должны ощутить укоры совести.

И если человек, посвятивший себя Богу, небрежно распоряжается временем, предназначенным для Бога, и это идет в ущерб Царству Божьему, то такой человек крадет время. Не только когда дело касается Бога, но и на работе и вне работы - везде и всегда мы должны быть пунктуальными, чтобы другие люди не теряли из-за нас своего времени.

Итак, чтобы не совершить греха кражи в любой из перечисленных форм, давайте, оценив себя трезво, отринем от ума и сердец наших эгоизм и алчность и с чистой совестью постараемся обрести искреннее и правдивое сердце перед Богом.

«Не произноси ложного свидетельства на ближнего твоего»

Исход, 20:16

«Не произноси ложного свидетельства на ближнего твоего».

Иисуса взяли под стражу ночью. Пока Петр сидел во внешнем дворе, где допрашивали Иисуса, служанка сказала ему: «И ты был с Иисусом Галилеянином». От неожиданности Петр резко возразил: «Не знаю, что ты говоришь» (От Матфея, 26).

Отречение Петра не исходило из глубины его сердца – он солгал из-за внезапно возникшего чувства страха. Сразу, после этого случая, он вышел вон и горько заплакал, ударяясь головой о землю. И когда Иисус нес крест на Голгофу, Петр следовал за Ним в отдалении, страдая от стыда и даже не смея поднять голову.

Хотя все это произошло еще до того, как Петр получил дар Духа Святого, из-за своей лжи он не осмелился быть распятым так же, как Иисус, - в положении стоя. После получения дара Духа Святого и после того как он посвятил всю свою жизнь служению Ему, он настолько стыдился отречения от Иисуса, что в конце концов попросил, чтобы его распяли вниз головой.

«Не произноси ложного свидетельства на ближнего твоего»

Из всех слов, что мы произносим каждодневно, некоторые не имеют большого значения, но другие очень важны. Слова могут быть бессмысленными, а могут быть злыми и обидными.

Ложь - это слова, сказанные со злым умыслом и не совместимые с истиной. И хотя большинство людей в этом не признаются, они лгут практически каждый день, обманывают в большом и в малом. Некоторые люди гордо заявляют: «Я никогда не вру», но, сами того не замечая, возводят целые горы лжи.

Грязь, нечистоты и беспорядок могут быть сокрыты в темноте. Но если яркий свет озарит комнату, то даже малейшие пылинки и пятнышки видны как на ладони. Таким же образом и Бог, являющийся Истиной, подобен свету: Он видит, как много людей постоянно обманывают.

Поэтому в девятой заповеди Бог велит нам не произносить ложного свидетельства против ближнего своего. В данном случае, «ближние» - это наши родители, братья, дети, то есть все, кроме нас самих. Какое определение ложному свидетельству дает Бог? Давайте исследуем три аспекта этого понятия.

Во-первых, «произносить ложное свидетельство» означает говорить неправду о своем ближнем.

Если понаблюдать за судебными процессами, то мы можем увидеть, к какой трагедии может привести ложное свидетельство. Поскольку показания свидетеля напрямую влияют на приговор судьи, то даже малейшая ложь для невиновного человека может стать вопросом жизни и смерти или причиной его страданий.

Чтобы избежать возможных злоупотреблений и дачи ложных свидетельских показаний, Бог повелел судьям выслушивать множество разных свидетельств, чтобы правильно понять все детали дела и прийти к взвешенному и мудрому решению. Поэтому Бог повелел, чтобы всякий, свидетельствующий и судящий, делал свое дело тщательно и поступал осмотрительно.

В Книге Второзакония, 19:15, Бог говорит: *«Недостаточно одного свидетеля против кого-либо в какой-нибудь вине и в каком-нибудь преступлении и в каком-нибудь грехе, которым он согрешит: при словах двух свидетелей, или при словах трех свидетелей состоится дело».* И далее, с 16-го по 20-й стихи, Он продолжает: *«Если выступит против кого свидетель несправедливый, обвиняя его в преступлении...»,* то такой человек получит то же наказание, которое он предлагал против брата своего.

Кроме подобных случаев, когда лжесвидетельство наносит серьезный ущерб другому человеку, есть множество обстоятельств, при которых люди каждый день распространяют лживые сведения о своих ближних. Даже если мы и не наговариваем открыто на наших ближних, но оказываемся в ситуации, когда необходимо сказать правду в защиту другого человека, а мы не делаем этого, то нас тоже можно обвинить в лжесвидетельстве.

Если человека обвинили в проступке, который он не совершал, а мы не сказали ничего в его защиту из страха перед неприятностями, то как может оставаться спокойной наша совесть? Да, Бог повелевает нам не лгать, но Он также повелевает нам жить с чистым сердцем, чтобы наши слова и наши действия отражали Божью истину.

А что думает Бог о той «маленькой белой лжи», к которой мы часто прибегаем, чтобы утешить или взбодрить кого-нибудь?

Предположим, вы приходите в гости к другу, и он спрашивает: обедали ли вы сегодня? И хотя вы не обедали, вы отвечаете, что уже поели, просто, чтобы не доставлять ему неудобств. Но и в этом случае, следовало бы сказать: «Нет, я не обедал еще, но я сейчас есть не хочу».

Примеры «маленькой белой лжи» есть и в Библии.

В 1-й главе Исхода есть сцена, где фараон Египетский забеспокоился, что сыны Израиля умножаются, и издал особый приказ всем еврейским повивальным бабкам, сказав: «*Когда вы будете повивать у Евреянок, то наблюдайте при родах: если будет сын, то умерщвляйте его, а если дочь, то пусть живет»* (стих 16-й).

Но богобоязненные повивальные бабки не послушали фараона и оставляли мальчиков в живых. И тогда призвал фараон повивальных бабок и спросил: *«Для чего вы делаете такое дело, что оставляете детей в живых?».* Они ответили ему: *«Еврейские женщины не так, как Египетские; они здоровы, ибо, прежде нежели придет к ним повивальная бабка, они уже рождают».*

И когда первый царь Израильский, царь Саул, возревновал к Давиду и попытался убить его за то, что народ любил Давида больше, чем Саула, то сын Саула, Ионафан, обманул его, чтобы спасти жизнь Давиду.

В таких случаях, когда ложь говорится с единственной целью - принести благо другому человеку, по доброй воле, а не корысти ради, Бог не станет сразу же наказывать и говорить такому человеку: «Ты солгал». В случае с повивальными бабками, Бог даровал им благодать, потому что они из добрых побуждений старались спасти жизни детей. Но когда люди достигают высшего уровня добродетели, они могут коснуться сердца врага или любого другого человека, не прибегая к помощи «маленькой белой лжи».

Во-вторых, неточная передача информации от одного человека к другому есть вид лжесвидетельства.

Представим, что вы неверно передали сообщение одного человека другому, потому что примешали к нему свои собственные чувства и мысли или потому что просто упустили что-то. Обычно, когда нам что-то говорят, мы внимательно слушаем, но то, как мы воспринимаем эту информацию, во многом зависит от нашего состояния и пережитого прошлого. Поэтому потерять суть первоначального сообщения, которое передается от одного человека к другому, довольно легко.

Но даже если мы передадим сообщение дословно, включая пунктуацию, смысл информации может исказиться в зависимости от изменения интонации и расставленных акцентов. Скажем, есть большая разница между тем, как с любовью спрашивают друга: «Почему?», и тем, как этот же вопрос с жесткой интонацией задают, буквально прокричав в лицо, врагу: «Почему?!!».

Поэтому, когда мы слушаем другого человека, нужно стараться понять смыл того, что он говорит, и не примешивать к сказанному собственные ощущения. Так же обстоит дело и когда мы говорим с другими. Нам следует сделать все, чтобы в точности передать первоначальный смысл доверенного нам сообщения.

Но если сообщение содержит в себе ложь или может навредить человеку, лучше воздержаться от передачи этой информации, хотя мы и могли бы исполнить все в точности.

Ведь даже если мы, передавая эти слова, имеем добрые намерения, может случится так, что человек обидится или оскорбится. А если это произойдет, то начавшаяся вражда между людьми будет на нашей совести.

В Евангелии от Матфея сказано (12:36-37): *«Говорю же вам, что за всякое праздное слово, какое скажут люди, дадут они ответ в день суда: ибо от слов своих оправдаешься, и от слов своих осудишься».* Итак, будем воздерживаться от слов, которые не исходят от истины и любви Божьей. Это относится и к тому, как мы слушаем то, что говорят нам.

В-третьих, осуждение и критика другого человека, без попыток понять его мотивы, также один из видов лжесвидетельства.

Зачастую люди слишком быстро судят о намерениях и мотивах человека, глядя только на его поступки и руководствуясь при этом лишь собственными чувствами и мыслями. Довольно часто можно слышать: «Этот человек имел в виду то-то и то-то», или: «Нет сомнений, что у него были такие-то причины для этого поступка».

Представим себе, что молодой рабочий был не сдержан со своим начальником только потому, что нервничал в незнакомой обстановке. Но начальник может подумать:

«Этот парень сторонится меня. Наверное, из-за того, что я вчера сделал ему замечание». Это ошибочное заключение сделано лишь на основании собственного мнения начальника. В другом случае, близорукий или погруженный в свои мысли человек проходит мимо своего друга, не замечая его. Друг вполне может подумать, что этот человек за что-то рассердился на него и поэтому ведет себя так, будто бы они не знакомы.

Другой человек точно в такой же ситуации может отреагировать иначе. У каждого из нас свои понятия и свои чувства, и поэтому мы все реагируем на одни и те же ситуации по-разному. Поэтому, когда одни и те же трудности постигают разных людей, каждый из них будет переносить их по-разному, по мере своих сил. Если мы видим, что человек страдает, нельзя поспешно судить о нем, ориентируясь на свои способности переносить трудности, и не следует думать, что кто-то преувеличивает свою боль и раздувает из мухи слона. Не так просто полностью проникнуть в сердце другого человека, даже если это наш любимый человек, с которым у нас близкие отношения.

Есть много других случаев, когда мы осуждаем и недопонимаем других, разочаровываемся в них и в конечном итоге ставим на них крест. А все потому, что мы пытаемся судить о других людях по собственным меркам. Мы лжесвидетельствуем всякий раз, когда судим о другом человеке, приписывая ему намерения и мотивы, которых у него нет и не было, или дурно говорим о ком-то. Даже если мы пассивно участвуем в этом, просто слушая, как поносится правда, то тем самым мы способствуем распространению клеветы о данном человеке, его осуждению и совершаем грех лжесвидетельства против нашего ближнего.

Многие думают, что если они сами негативно отреагировали на определенную жизненную ситуацию, то и все остальные будут реагировать так же. Люди с лживым сердцем подозревают, что и все остальные тоже таят обман в душе. В определенных жизненных ситуациях, когда им в голову приходят дурные мысли, они часто думают: «Я уверен, что и у того человека такие же дурные мысли». И, может, потому, что сами относятся к другим с высокомерием, они могут подумать: «Этот человек слишком возомнил о себе и смотрит на меня с презрением».

Поэтому в Послании Иакова, 4:11, сказано: «*Не злословьте друг друга, братия: кто злословит брата или судит брата своего, того злословит закон и судит закон; а если ты судишь закон, то ты не исполнитель закона, но судья*». Всякий злословящий и осуждающий брата своего показывает свое гордое сердце и в конечном итоге хочет стать на место Бога Судьи.

Важно знать, что всякий раз, когда мы говорим о слабостях людей и осуждаем их, мы совершаем весьма тяжкий грех. В Евангелии от Матфея, 7:1-5, мы читаем: *«Не судите, да не судимы будете; ибо каким судом судите, таким будете судимы; и какою мерою мерите, [такою] и вам будут мерить. И что ты смотришь на сучок в глазе брата твоего, а бревна в твоем глазе не чувствуешь? Или как скажешь брату твоему: "дай, я выну сучок из глаза твоего"; а вот, в твоем глазе бревно? Лицемер! вынь прежде бревно из твоего глаза и тогда увидишь, [как] вынуть сучок из глаза брата твоего».*

Также нужно быть осторожными, чтобы не судить о Слове Божьем по своим меркам. Невозможное человеку - возможно Богу, поэтому никогда не следует выражать несогласие, если дело касается Слова Божьего.

Ложь путем преувеличения истины

Каждый день люди преувеличивают или недоговаривают что-то, без всяких дурных намерений и совершенно не обращая на это внимания. К примеру, человек, который много съел, может сказать: «Я съел все, что было». Или когда остается на столе ещё немного пищи, мы часто говорим: «Не осталось ни крошки!». Иногда, увидев трёх или четырёх человек, которые пришли к какому-то согласию, мы можем воскликнуть: «Все соглашаются с этим».

Но даже если многие люди не считают это ложью, это - все-таки ложь. Случается, что мы уверенно говорим о ситуации, не зная всех деталей происходящего, и, таким образом, тоже впадаем в грех лжи.

Представим себе, что кто-то спросил нас: сколько людей работает в этой компании? И мы ответили: «Здесь работает столько-то человек». Но потом выясняется, что мы ошиблись и цифра должна быть другой. Конечно, мы не хотели обманывать человека, но, тем не менее, мы сказали ложь, так как наши слова оказались неправдой. Поэтому в таких случаях уместнее говорить: «Я не знаю точное число, но думаю, что в компании работает столько-то людей».

Разумеется, в подобных случаях мы не намереваемся специально обманывать кого-то, тем более руководствуясь дурными мотивами, или зло осуждать других. Но если мы замечаем за собой даже намек на подобные действия и мысли, то лучше всего нам найти корень этой проблемы. Человек, чье сердце наполнено истиной, не добавит и не убавит от нее даже толики.

Чистый и честный человек воспринимает истину как правду и передает эту истину другим, не искажая ее. Поэтому, если мы замечаем, что в словах наших содержится хоть намек на ложь, мы должны понимать, что это происходит от того, что сердца наши еще не до конца исполнились истиной. А если наши сердца не до конца исполнены истиной, то значит в ситуации, когда что-то угрожает нашей жизни, мы вполне способны навредить другому человеку, лжесвидетельствуя против него.

Как написано в 1-м послании Петра (4:11): *«Говорит ли кто, [говори] как слова Божии».* То есть нам не следует обманывать или шутить со словами. Не важно, что мы говорим, важно, чтобы мы всегда говорили правду. Это - как если бы мы говорили слова Божии. И мы можем добиться этого усердной молитвой, принимая водительство Духа Святого.

Глава 11

«Не желай дома ближнего твоего»

Исход, 20:17

«Не желай дома ближнего твоего; не желай жены ближнего твоего, ни раба его, ни рабыни его, ни вола его, ни осла его, ничего, что у ближнего твоего».

Знаете ли вы известную басню Эзопа, в которой рассказывается про гусыню, несущую золотые яйца? Когда-то в маленькой деревне жил крестьянин, у которого была необычная гусыня. Он не знал, что с ней делать, но вдруг случилась весьма странная вещь.

Гусыня начала нести золотые яйца – по одному каждое утро. Крестьянин подумал: «Внутри этой гусыни должно быть полно золотых яиц». Корыстолюбие обуяло этого человека, и он захотел разбогатеть мгновенно, а не ждать каждое утро, пока гусыня снесет одно золотое яйцо.

И когда жажда денег обуяла его разум, он зарезал и выпотрошил гусыню, но нашел в ней лишь маленький кусочек золота. И тогда он понял, как он ошибся. Он горько пожалел о своем поступке, но было уже поздно.

Человеческая корысть не имеет предела. Сколько бы рек не вливалось в океан, океан никогда не переполнится. Такова и корысть человеческая. Сколько бы богатства ни было у человека, ему всегда будет чего-то не хватать. Мы сталкиваемся с этим фактом каждый день. Когда жадность и корысть человека усиливаются, он теряет радость от того, что имеет, и с завистью смотрит на чужую собственность, желая завладеть ей, и если понадобится, даже коварными методами. И в конце концов он совершает тяжкий грех.

«Не желай дома ближнего твоего»

«Желать» чего-либо - иногда значит хотеть того, что не принадлежит тебе, или пытаться завладеть чужим имуществом незаконным способом; а иногда - иметь сердце, жаждущее плотских вещей этого мира.

Большинство преступлений провоцируется завистливым сердцем. Зависть заставляет людей обманывать, воровать, грабить, лгать, мошенничать, убивать и совершать разные виды преступлений. Бывает, что люди завидуют не только материальным благам, но также положению и славе другого человека.

Из-за таких завистливых сердец рушатся добрые отношения и возникает вражда между братьями, между родителями и детьми и даже между супругами. Некоторые семьи становятся врагами, и, вместо того чтобы жить в мире, они находятся во власти ревности и зависти к тем, у кого больше благ, чем у них.

Поэтому десятой заповедью Бог предупреждает нас о зависти, которая порождает грех. Более того, Бог говорит нам: «О горнем помышляйте, [а] не о земном» (Посл. к Колоссянам, 3:2). Только когда мы ищем прежде всего жизни вечной и наполняем наши сердца надеждой на Небеса, только тогда мы сможем обрести истинное удовлетворение и счастье и сможем отбросить зависть и греховные желания. В Евангелии от Луки, 12:15, сказано: *«Смотрите, берегитесь любостяжания, ибо жизнь человека не зависит от изобилия его имения».* Как говорит здесь Иисус, мы сможем отдалиться от греха и обрести вечную жизнь, лишь когда мы искореним всю зависть из наших сердец.

Каким образом греховное желание и зависть порождают грех

Итак, как же зависть превращается в греховный поступок? Предположим, что вы посетили очень богатый, огромный по размерам дом, полностью построенный из мрамора. Дом наполнен предметами роскоши. Увидев его, любой воскликнет: «Это восхитительный дом! Он просто чудесен!».

Но многие не ограничиваются просто восхищением. Они продолжают думать: «Вот если бы у меня был такой дом! Если бы я был так же богат». Конечно же истинно верующие не позволят таким мыслям развиться до мыслей о воровстве. Но именно через такие мысли и желание иметь что-то, чего у нас нет, в нашем сердце поселяется любостяжание.

И если оно уже в сердце нашем, то это лишь вопрос

времени, когда оно толкнет человека на совершение греха. В Послании Иакова, 1:15, говорится: *«Похоть же зачавши, рождает грех, а сделанный грех рождает смерть»*. Есть верующие люди, которые идут на преступление, так как они охвачены завистью и любостяжанием.

В Книге Иисуса Навина мы читаем об Ахане, которого обуяла жадность и который в наказание поплатился жизнью за это. Иисус Навин, ставший вождем народа после Моисея, вел войну в Ханаане. Израильтяне только что взяли город Иерихон. Иисус Навин предупредил людей о том, что никто ничего не должен брать для себя, так как все, что находится в городе, посвящено Богу.

Однако, увидев дорогую одежду, серебро и золото, Ахан возжелал их и тайно спрятал для себя. Иисус Навин не знал ничего о поступке Ахана и продолжил завоевывать следующий город – Гай. Гай был небольшим городом, и Израильтяне ожидали легкую победу. Но, к их удивлению, они потерпели поражение. И тогда Господь открыл Иисусу Навину, что это случилось из-за греха Ахана. В результате всего этого, не только сам Ахан, но и его семья, и даже его скот должны были умереть.

В Четвертой книге Царств, в пятой главе, мы читаем о Гиезии, слуге Елисея, который заболел проказой, так как возжелал то, что ему не принадлежало. По слову Елисея, военачальник Нееман омылся семь раз в водах Иордана и очистился от проказы. После своего исцеления, Нееман захотел одарить Елисея в знак своей благодарности к нему. Но Елисей отказался что-либо брать.

Когда военачальник возвращался в родную землю, Гиезия догнал его, сделав вид, что его послал Елисей, и попросил у него серебро. Получив два таланта серебра, он спрятал их. Более того, вернувшись к Елисею, он попытался обмануть его, несмотря на то, что Елисей знал о каждом его шаге с самого начала. В итоге, проказа Неемана передалась Гиезии.

В пятой главе Деяний Апостолов описан похожий случай, который произошел с Ананием и его женой Сапфирой. Они продали имение свое и пообещали пожертвовать Богу все, что они получат за свое имущество. Но когда деньги оказались в их руках, сердце их изменилось, и они утаили часть денег, а остальное принесли апостолам. Возжелав денег, они попытались обмануть апостолов. Но обманывать их было равносильно тому, что обманывать Дух Святой, и поэтому в ту же минуту души покинули их, и они оба умерли на месте.

Корыстолюбивые и завистливые сердца ведут к смерти

Зависть и корыстолюбие - это великие грехи, которые

в конечном итоге приводят к смерти. Поэтому жизненно важно для нас отринуть всякую греховную зависть и греховные желания от наших сердец, а также оставить всякие искушения и любостяжание, заставляющие нас желать материальных благ этого мира. Какая польза вам, если вы приобретете весь мир, но потеряете свою жизнь?

С другой стороны, даже если вы не обладаете всеми богатствами этого мира, но веруете в Господа и имеете истинную жизнь, то вы воистину богатый человек. Из притчи о богаче и Лазаре, из главы 16-й Евангелия от Луки, мы понимаем, что истинное благословение состоит в том, чтобы принять спасение, отринув от себя завистливое сердце.

Богач, который не верил в Бога и не имел надежды на Небеса, жил роскошной жизнью – одевался в лучшие одежды, потакал своей мирской жадности, наслаждался всяким весельем. А бедняк Лазарь лежал у ворот богатого человека, прося милостыню. Его жизнь была весьма непритязательной; язвы на его теле приходили лизать собаки. Но в глубине своего сердца он прославлял Бога и всегда уповал на Небеса.

В конце концов, и богач, и Лазарь умерли. Бедняк Лазарь был отнесен ангелами на лоно Авраамово, а богач оказался в преисподней, где сильно мучился. От жара огня, находясь в агонии, он весьма страдал от жажды и желал, чтобы ему дали хотя бы каплю воды, но даже этого он не мог получить.

Представим себе, что богач получил бы возможность снова оказаться на земле. Скорее всего, он предпочел бы вечную жизнь на Небесах, даже если бы для этого потребовалось вести менее обеспеченную жизнь здесь, на земле. А человек, подобный Лазарю, который прожил в нищете земную жизнь, всегда сможет получить материальные благословения и на земле, если только он научится бояться Господа и будет жить в Его свете.

После смерти своей жены Сарры, Авраам, праотец веры, задумал купить пещеру Махпелу, чтобы похоронить там жену свою. Владелец пещеры предложил Аврааму взять ее бесплатно, но Авраам отказался и заплатил полную цену за это место. Он поступил так, потому что в сердце его не было и намека на корыстолюбие. Если что-то не принадлежало ему, он и не думал о том, чтобы овладеть этим (Бытие, 23:9-19).

Авраам любил Бога и слушался слова Его; он жил жизнью честной и непорочной. Поэтому еще при жизни на земле Авраам был благословлен не только материально, но и долгой жизнью, славой, властью, потомством и многим другим. Он даже обрел духовное благословение называться «другом Бога».

Духовные благословения превосходят все материальные благословения

Иногда люди из любопытства спрашивают: «Этот человек кажется таким хорошим верующим! Почему же у него нет особых благословений от Бога?». Если бы человек этот был истинным последователем Христа и каждый день пребывал бы в истинной вере, то мы бы увидели, как Бог благословляет Его лучшими благами.

Как написано в Третьем послании Иоанна (1:2): *«Возлюбленный! молюсь, чтобы ты здравствовал и преуспевал во всем, как преуспевает душа твоя»*. Бог благословляет нас, чтобы более всего остального преуспевала наша душа. Если мы живем как святые дети Божьи, очистив свои сердца от всякого зла и повинуясь Его заповедям, Бог непременно благословит нас так, что мы ощутим благополучие во всем, включая наше здоровье.

Но если человек, чья душа не преуспевает, тем не менее, обретает обильные материальные блага, мы не можем утверждать, что он получил эти благословения от Бога. В таком случае, его богатство может распалить корыстолюбие. А его корыстолюбие станет причиной греха, который в свою очередь отвратит его от Бога.

Когда люди находятся в стесненных обстоятельствах, они искренне уповают на Бога и служат Ему с усердием и любовью. Но зачастую, когда приходит материальное благословение в бизнесе или на работе, сердца их начинают желать ещё бóльших мирских благ; они все больше погружаются в дела, не находя времени ни на что другое, и таким образом отдаляются от Бога. Когда их доходы и заработки не так велики, они отдают десятину от чистого сердца, из благодарности. Но когда возрастают доходы и, следовательно, должны увеличиться и десятины, тогда легко поколебаться сердцем. Но если сердца наши изменяются и мы, отдаляясь от Божьего слова, в конце концов уподобляемся людям мира сего, то все благословения, которые мы получили, могут обратиться в наше несчастье.

Однако те люди, чьи души преуспевают, не станут желать богатств этого мира. И если даже Бог пошлет им в благословение почести и финансовую состоятельность, они не станут жадничать и желать большего. Они не станут жаловаться и ворчать из-за того, что у них нет всех благ этого мира; но они будут готовы отдать ради Бога все, что имеют, даже свою собственную жизнь.

Люди, чьи души благодатны, будут хранить свою веру и служить Богу, невзирая на обстоятельства, используя все благословения, которые они получили от Бога, для Его Царства и славы. И поскольку люди, чьи души процветают, не имеют ни малейшего желания гоняться за мирскими удовольствиями, блуждать в поисках развлечений, идти путями, ведущими к смерти, то Бог благословит их щедро и даже сверх того.

Поэтому благословения духовные, намного более значимы, чем благословения материальные, которые исчезают и рассеиваются как туман. Итак, прежде всего нам нужно стремиться получить духовные благословения.

Никогда не следует искать Божьих благословений для удовлетворения мирских желаний

Пусть даже мы еще и не получили духовные благословения, и душа наша пока не преуспевает, но если мы будем ходить праведным путем и искать Его с верой, Бог всё равно восполнит все нужды в положенное время. Люди молятся о том, чтобы что-то произошло немедленно, но всему – свое время, и Бог знает, когда наступит лучшее время. Бывает, что Бог заставляет нас ждать, чтобы дать нам еще большие благословения.

Если мы просим у Бога что-либо с истинной верой, то получим силу молиться об этом постоянно, до тех пор пока нам не будет дан ответ. Но если мы просим у Бога о своих плотских желаниях, то как бы много мы ни молились, мы не получим истинной веры и не получим от Него ответа на свою молитву.

В Послании Иакова, 4:2-3, говорится: « ... *не имеете, потому что не просите; просите и не получаете, потому что просите не на добро, [а] чтобы употребить для ваших вожделений».* Бог не может ответить нам, если мы просим о своих мирских желаниях. Если молодой студент попросит денег у родителей, чтобы купить что-нибудь непотребное, то родителям придется отказать ему.

Поэтому мы должны молиться и желать чего-то, руководствуясь не своими мыслями, а, в согласии с силой Духа Святого, всегда молиться о том, что угодно Богу (Посл. Иуды, 1:20). Дух Святой знает сердце Бога и может понимать сокровенное естество Бога; таким образом, если вы полагаетесь на водительство Духа Святого во время молитвы, вы сможете вскоре получить ответ от Бога на вашу молитву.

Так как же нам полагаться на водительство Духа Святого и молиться по воле Божьей?

Прежде всего нужно вооружить себя Словом Божьим и применять его в собственной жизни, чтобы сердца наши уподобились сердцу Иисуса Христа. Если в нас сердце Христово, то мы неустанно будем молиться в согласии с Божьей волей и сможем быстро получить ответ на все наши молитвы. Потому как Дух Святой, знающий сердце Бога, будет наблюдать и за нашим сердцем, чтобы мы просили о том, в чем действительно нуждаемся.

Как сказано в Евангелии от Матфея (6:33): *«Ищите же прежде Царства Божия и правды Его, и это все приложится вам»*. Ищите прежде Бога и Его Царства и потом просите о том, в чем нуждаетесь. Если вы молитесь и ищете прежде всего Божью волю, вы ощутите, как Бог изольет благословения на вашу жизнь, так что чаша ваша переполнится всеми благами, которые нужны вам здесь, на земле, и даже сверх того.

Поэтому нам следует постоянно возносить истинные и искренние молитвы к Богу. Когда мы ежедневно возносим усердные молитвы под водительством Духа Святого, всякое греховное желание и всякий иной порок будут изгнаны из нашего сердца навсегда, и мы получим все, о чем ни попросим в молитве.

Апостол Павел был гражданином Римской империи и обучался под водительством Гамалиила, лучшего и самого известного ученого своего времени. Однако Павла не интересовали блага этого мира. Ради Христа он почитал ничем все, что имел. Подобно апостолу Павлу, нам следует прежде всего возлюбить учение Иисуса Христа и слово Его истины и с Его учением связывать свои желания.

Если мы приобретем все богатства этого мира, всю славу и власть, но не будем иметь жизни вечной, то что пользы от всего остального? Но если подобно апостолу Павлу мы оставим богатства этого мира и будем жить в соответствии с Божьей волей, то Бог непременно благословит нас так, что душа наша преуспеет. И тогда мы назовемся великими на Небесах и преуспеем во всех сферах жизни и здесь, на этой земле.

Я молю Бога, чтобы вы смогли отбросить всякую зависть и всякое греховное желание из сердца своего и из жизни, стараясь найти удовлетворение в том, что у вас есть, и всегда уповать на Небеса. Я знаю, что тогда жизнь ваша будет неизменно преисполнена благодарности и радости.

Глава 12

Закон пребывания в Боге

Притчи, 8:17

«Любящих меня я люблю, и ищущие меня найдут меня».

В Евангелии от Матфея, в главе 22-й, есть сцена, где один из фарисеев спрашивает Иисуса о наибольшей заповеди в Законе.

«Иисус сказал ему: "возлюби Господа Бога твоего всем сердцем твоим и всею душею твоею и всем разумением твоим": сия есть первая и наибольшая заповедь; вторая же подобная ей: "возлюби ближнего твоего, как самого себя"; на сих двух заповедях утверждается весь закон и пророки» (От Матфея, 22:37-40).

Это значит, что если мы возлюбим Бога всем сердцем своим и всей душой своей и всем разумением своим, а также возлюбим ближнего своего, как самого себя, то мы с легкостью сможем исполнить и все остальные заповеди.

Если мы поистине любим Бога, то как же мы можем совершать грехи, которые противны Богу? И если мы любим ближних, то как же мы можем творить зло против них?

Почему Бог дал нам Свои заповеди

Итак, зачем же тогда Бог старался донести до нас каждую из десяти заповедей, если можно было просто приказать нам: «Люби Бога и люби своего ближнего, как самого себя»?

Бог поступил так, потому что во времена Ветхого Завета, до того как сошел Дух Святой, испытывать настоящее чувство любви, любить всем сердцем и по доброй воле людям было трудно. А с помощью Десяти Заповедей Бог придал Израильтянам сил повиноваться Ему; Он вел их по жизни так, чтобы они любили и боялись Его, а также выражали любовь к ближним через свои поступки.

Итак, мы подробно изучили каждую из заповедей в отдельности. Теперь же давайте рассмотрим эти заповеди в двух ракурсах: как повеление любить Бога и повеление любить ближних.

Суть первых четырех заповедей можно охарактеризовать следующим образом: *«Возлюби Господа Бога твоего всем сердцем твоим, и всей душою твоею, и всем разумением твоим»*. Любовь к Богу заключается в том, чтобы служить только Богу Творцу, не создавать себе кумира и не поклоняться ему, не произносить имени Бога напрасно и соблюдать День субботний.

Суть последних шести заповедей, с пятой по десятую, заключается в словах: *«Возлюби ближнего твоего как самого себя»*. Заповеди, повелевающие почитать своих родителей, не убивать, не красть, не лжесвидетельствовать, не завидовать, направлены на искоренение греховных поступков по отношению к ближним. Если мы любим наших ближних, как самих себя, мы не захотим, чтобы они испытывали боль, и поэтому нам будет легко соблюсти эти заповеди.

Мы должны возлюбить Бога всем сердцем своим

Бог не принуждает нас к исполнению Его заповедей. Он показывает нам, как мы можем повиноваться им из любви к Нему.

В Послании к Римлянам, 5:8, написано: *«Но Бог свою любовь к нам доказывает тем, что Христос умер за нас, когда мы были еще грешниками»*. Бог первым показал, насколько велика Его любовь к нам.

Трудно найти желающего умереть даже ради доброго, праведного человека или вместо своего близкого друга. Но Бог послал своего Единородного Сына Иисуса Христа на смерть за грешников, чтобы освободить их от проклятия Закона. Итак, Бог показал любовь, которая превосходит справедливость.

Как написано в Послании к Римлянам (5:5): *«А надежда не постыжает, потому что любовь Божия излилась в сердца наши Духом Святым, данным нам»*. Бог послал Духа Святого как дар всем детям Его, принявшим Иисуса Христа, чтобы мы могли познать Божью любовь.

Поэтому спасенные через веру и крещенные водой и Святым Духом могут любить Бога не только умом своим, но и всем своим сердцем, пребывая в заповедях Его из большой любви к Нему.

Изначальная воля Божья

Изначально Бог сотворил людей, так как хотел иметь истинных детей, которых Он мог бы любить и которые отвечали бы Ему любовью по своей доброй воле. Но если человек соблюдает все заповеди Божьи, но не любит Бога, разве можно назвать его истинным сыном Божьим?

Наемный работник, который трудится за зарплату, не может наследовать дела своего работодателя. Но сын владельца предприятия, в отличие от наемного рабочего, может унаследовать все, чем владеет его отец. Так же и те, кто соблюдает заповеди Божьи, могут получить все обещанные благословения, но не постигшим любви Бога не стать Его истинными детьми.

Итак, человек, познавший Божью любовь и пребывающий в Его заповедях, наследует Небеса. Как истинный сын Божий, он станет обитать в лучшем месте на Небесах. Пребывая рядом с Отцом, он будет вечно жить, окруженный славой, подобной яркому солнцу.

Бог желает, чтобы все люди, получившие спасение через Кровь Иисуса Христа и возлюбившие Его от всего сердца, пребывали с Ним в Новом Иерусалиме, в том месте, где находится трон Господень, и делили с Ним любовь вечно. Поэтому в Евангелии от Матфея, 5:17, Иисус говорит: *«Не думайте, что Я пришел нарушить закон или пророков; не нарушить пришел Я, но исполнить»*.

Доказательства силы нашей любви к Богу

Когда мы поймем истинную причину, по которой Бог дал нам свои заповеди, тогда мы сможем исполнить Закон с любовью, которую мы питаем к Богу. Любовь - это понятие абстрактное, неуловимое физическим взглядом, но у нас есть Его заповеди и Его законы, поэтому мы сможем наглядно выразить свою любовь к Нему.

Если кто-то скажет: «Боже, я люблю Тебя всем сердцем своим! Так благослови меня!» - то как же Бог смог бы убедиться в истинности этого заявления, если бы не существовало никаких критериев любви? Этими критериями являются Закон Божий и его заповеди, и по ним мы можем определить, насколько искренне люди любят Бога. Если устами своими они говорят о любви к Богу, но не святят День Господень, как это заповедал нам Бог, то это значит, что на самом деле они не любят Бога.

Итак, исполнение Божьих заповедей - это тот критерий, который показывает степень нашей любви к Богу.

Поэтому в Первом послании Иоанна, 5:3, говорится: *«Ибо это есть любовь к Богу, чтобы мы соблюдали заповеди Его; и заповеди Его не тяжки».*

Любящих меня я люблю

Те благословения, которые мы получаем от Бога, соблюдая Его заповеди, не исчезают и не умаляются.

Что, к примеру, произошло с Даниилом, который угодил Господу своей искренней верой и тем, что никогда не вступал в компромисс с этим миром?

Даниил происходил из колена Иудина и был потомком царской династии. Но в 605 году до н.э., когда южное царство, Иудея, согрешило перед Богом, царь Вавилонский, Навуходоносор, вторгся в страну. Даниил, который в то время был совсем молодым, был взят в Вавилон в качестве пленника.

Для того чтобы Даниил и другие молодые пленники ассимилировались в новой для них среде, Навуходоносор велел им жить в царском дворце и в течение трех лет обучаться премудрости халдейской.

В этот период времени Даниил отказывался есть яства с царского стола, боясь оскверниться пищей, которую Бог запретил им есть. Как пленник, он не имел права отвергать пищу, дарованную царем, но Даниил решил сделать все, чтобы сохранить чистоту своей веры в глазах Божьих.

Видя искреннее сердце Даниила, Бог расположил к нему начальника евнухов, и тот не принуждал Даниила питаться блюдами с царского стола.

Тщательно следуя заповедям Божьим, Даниил со временем возвысился до уровня премьер-министра в языческом Вавилонском царстве. Даниил угодил Богу своей несгибаемой верой, которая не дала ему вступать в компромисс с этим миром. Менялись народы, менялись цари, но Даниил, снискав любовь Божью, по-прежнему преуспевал на своем жизненном пути.

Ищущие Меня найдут Меня

Такие же благословения мы можем видеть и в наши дни. Любой человек, имеющий веру, подобную вере Даниила, не идущий на компромисс с миром, но с радостью пребывающий в заповедях Божьих, увидит, какие обильные благословения Бог изольет на него.

Примерно десять лет назад один из старейшин нашей церкви работал в одной из крупнейших финансовых компаний в стране. Чтобы привлечь клиентов, эта компания регулярно устраивала встречи, на которых вместе с потенциальными клиентами распивались алкогольные напитки, а в выходные дни всех обязывали играть в гольф. В то время этот старейшина был диаконом в церкви. Начав это служение, он по-настоящему понял Божью любовь. Он никогда не выпивал с клиентами, несмотря на то, что это было мирской традицией в его компании, и никогда не пропускал воскресных богослужений.

Однажды исполнительный директор его компании сказал: «Выбирай: или работа, или твоя церковь». Будучи человеком твердым по натуре, он, долго не думая, ответил: «Эта компания важна для меня, но если вы просите меня сделать выбор между компанией и церковью, я выбираю церковь».

Но Бог чудесным образом изменил сердце этого директора, он стал больше доверять нашему брату и даже повысил его в должности. Но и это не все. Вскоре, быстро поднимаясь по служебной лестнице, наш брат сам стал исполнительным директором этой компании!

Итак, когда мы любим Бога и стараемся исполнять Его заповеди, Бог возвышает нас во всем, что мы делаем, и благословляет во всех областях нашей жизни.

В отличие от законов, принимаемых людьми, Божьи обещания не меняются со временем. Не имеет значения, в какое время мы живем, не важно, кем мы являемся, главное, чтобы мы повиновались Ему и жили по Слову Его; тогда мы сможем получить обещанные Богом благословения.

Закон пребывания в Боге

Таким образом, Десять Заповедей, или Закон, данный Богом Моисею, дает нам пример, следуя которому, мы сможем получить Божью любовь и благословения.

Как написано в Притчах (8:17): *«Любящих меня я люблю, и ищущие меня найдут меня».* От того, насколько усердно мы следуем Его законам, зависит, сколько любви и благословений мы сможем получить от Бога.

Иисус сказал в Евангелии от Иоанна (14:21): *«Кто имеет заповеди Мои и соблюдает их, тот любит Меня; а кто любит Меня, тот возлюблен будет Отцем Моим; и Я возлюблю его и явлюсь ему Сам».*

Разве законы Божьи тяжелы или они навязываются нам силой? Если мы действительно любим Бога от всего сердца, то сможем следовать им. И если мы называем себя детьми Божьими, то мы, вполне естественно, будем исполнять Его заповеди.

Только так можно обрести любовь Божью, пребывать
в Боге, встретиться с Ним и получить ответы на свои
молитвы. И самое главное, законы Его удаляют нас от греха
и приближают к главной цели - к спасению. Каким же
великим благословением является Его Закон!

Праотцы веры - Авраам, Даниил и Иосиф - были
поставлены выше всех народов земли. Они получили
это благословение за то, что тщательно исполняли
Закон Божий. Они были благословлены при входе и при
выходе своем. И не только на земле наслаждались они
благословениями во всех областях своей жизни, но и
на Небесах они снискали благословение, обретя славу,
подобную яркому солнцу.

Я молюсь во имя нашего Господа, чтобы вы приклонили
ухо к словам Божьим и нашли наслаждение в Законе
ГОСПОДА и, сосредоточившись на нем, исполняли Закон
во всей полноте.

«Зри, как я люблю повеления Твои;
по милости Твоей, ГОСПОДИ, оживи меня.
Велик мир у любящих закон Твой,
и нет им преткновения.
Уповаю на спасение Твое, ГОСПОДИ,
и заповеди Твои исполняю.
Язык мой возгласит слово Твое,

ибо все заповеди Твои праведны»
(Псалмы, 118:159, 165, 166, 172).

Автор
д-р Джей Рок Ли

Д-р Джей Рок Ли родился в городе Муан, в провинции Джэоннам Южной Корейской Республики, в 1943 году. Начиная с двадцати лет, д-р Ли страдал от различных неизлечимых заболеваний и в течение семи лет жил в ожидании смерти, без всякой надежды на исцеление. Но однажды, весной 1974 года, сестра привела его в церковь, где он, упав на колени, молился, и Живой Бог сразу исцелил его от всех болезней.

С той минуты, как д-р Ли чудесным образом встретился с Живым Богом, он искренне возлюбил Его всем сердцем, и в 1978 году он был призван на служение Богу. Он усердно молился и неустанно постился, чтобы ясно понять волю Божью, полностью исполнить ее и повиноваться каждому слову Божьему. В 1982 году он основал Центральную церковь «Манмин» в городе Сеуле (Южная Корея), и с того момента бесчисленные дела Божьи, включая чудесные исцеления и знамения Божьи, были явлены в этой церкви.

В 1986 году д-р Ли был рукоположен в сан пастора на ежегодной Ассамблее Корейской церкви Христа в Сингкуоле, а спустя ещё четыре года, в 1990 году, его проповеди начали транслироваться в Австралии, России, на Филиппинах и во многих других странах, а также по каналам «Дальневосточной вещательной компании», «Азиатской вещательной компании» и «Вашингтонской христианской радиостанции».

Через три года, то есть в 1993 году, журнал *Христианский Мир* (США) внес Центральную церковь «Манмин» в список пятидесяти лучших церквей мира; колледж Христианской веры в штате Флорида (США) присвоил д-ру Ли степень почетного доктора богословия, а в 1996 году Теологическая семинария Кингсвэй (штат Айова, США) присвоила ему степень доктора христианского служения.

С 1993 года д-р Ли, проведя крусейды в Израиле, США, Танзании, Аргентине, Уганде, Японии, Пакистане, Кении, на Филиппинах, в Гондурасе, Индии, России, Германии и Перу, вошел в ряд лидеров мировой миссионерской деятельности.

В 2002 году, за его труд по проведению ряда впечатляющих объединенных крусейдов, ведущие христианские газеты Кореи назвали его «пастором всемирного пробуждения». Особенно отмечена его Нью-Йоркская евангелизационная кампания 2006 года, прошедшая в «Madison Square Garden», которая транслировалась в 220-ти странах мира.

Также особо отмечен Объединенный крусейд в Израиле в 2009 году, прошедший в международном Центре конгрессов Иерусалима, когда Иисус Христос был открыто провозглашен Мессией и Спасителем. Тогда проповеди д-ра Джей Рока Ли через спутниковое вещание транслировались на 176 стран.

В 2009-м и 2010 годах ведущий христианский мега-портал «In Victory», а также новостное агентство *Christian Telegraph* назвали д-ра Ли одним из 10-ти ведущих христианских лидеров мира.

По данным на сентябрь 2017 года, Центральная церковь «Манмин» объединяет более 130.000 членов. У церкви более 11.000 дочерних и ассоциативных церквей во всем мире, включая 56 филиала в самой Корее. Кроме того, более 98-ти миссионеров направлены в 23 страны, включая США, Россию, Германию, Канаду, Японию, Китай, Францию, Индию, Кению и многие другие страны.

На момент публикации этой книги д-р Ли написал 109-х книг, в том числе такие бестселлеры, как *Откровение о вечной жизни в преддверии смерти*, *Моя Жизнь, Моя Вера* (I и II), *Слово о Кресте*, *Мера Веры*, *Небеса* (I и II), *Ад* и *Сила Божья*. Его книги уже переведены на 76 языков мира.

Его статьи на тему христианской веры регулярно публикуются в следующих периодических изданиях: The Hankook Ilbo, The JoongAng Daily, The Chosun Ilbo, The Dong-A Ilbo, The Hankyoreh Shinmun, The Seoul Shinmun, The Kyunghyang Shinmun, The Korea Economic Daily, The Shisa News и The Christian Press.

В настоящее время д-р Ли возглавляет многие миссионерские организации и ассоциации. Он, в частности, является главой правления Объединенной церкви святости Иисуса Христа, президентом Международной миссионерской организации Манмин, основателем и главой правлений «Глобальной христианской сети» (GCN), «Всемирной сети врачей-христиан» (WCDN) и Международной семинарии Манмин (MIS).

Небеса I и II

Красочное и подробное описание прекрасных обителей, где блаженствуют граждане Небес, и превосходное разъяснение различных уровней Небесных царств.

Слово о Кресте

Действенная пробуждающая проповедь для всех, кто пребывает в духовном сне. Прочтя эту книгу, вы узнаете, почему Иисус является единственным Спасителем и истинной любовью Бога.

Ад

Бог искренен в своем послании человечеству, так как желает, чтобы ни единая душа не оказалась в бездне ада! Вы узнаете о чудовищной жестокости Нижней могилы и ада.

Откровения о вечной жизни в преддверии смерти

Воспоминания-исповедь преподобного д-ра Джей Рока Ли, рассказ о рождении свыше, спасении и жизни человека, ведущего христианскую жизнь, достойную подражания.